究極の“コト消費”である
スポーツビジネス
成功のシナリオ

メッシの踏んだ芝生はなぜ売れるのか

アビームコンサルティング
Sports & Entertainment セクター長・執行役員
久保田 圭一 著

日経BP社

表紙カバー写真：AP/AFLO
オビ写真：AP/AFLO

まえがき

「スポーツ」

この言葉を聞いたときに、皆様はどのようなイメージを持つでしょうか。

感動を与えてくれる
夢を与えてくれる
頑張ろうという気持ちになる

人それぞれイメージは違うと思いますが、概ねポジティブなイメージを持つのではないでしょうか。私はこのポジティブなイメージこそがスポーツの持つチカラだと思います。

このチカラを使えば、もっと人々を元気にできるのではないか。これこそが私がスポーツ業界で仕事をしたいと考えた理由です。

私の社会人人生は、新卒のときから経営コンサルティング業界で、長らく官公庁を中心にコンサルティングサービスを提供していました。スポーツとは全然関係ない業界でしたが、２０１０年、独立行政法人日本スポーツ振興センターが販売するスポーツくじ「toto・BIG」の売上拡大の支援をさせていただくことになり、それがスポーツ業界との最初の接点となりました。スポーツくじは、その売上を原資に多くのスポーツ振興助成金を拠出し、スポーツ環境の整備やアスリートの支援に使われています。しかし、助成金をもらうスポーツ団体側の不正受給問題が報道されるなど、スポーツ団体側の未熟な管理体制が浮き彫りとなってきました。

そのような中、２０１3年9月8日、東京でオリンピック・パラリンピックが開催されることが決定しました。その瞬間、私は「スポーツのチカラを最大限に活かせる機会が日本にやってくる。この機会を活用してスポーツ業界の課題を解決し、国民がスポーツをもっと楽しめる状況をつくりたい」と思ったのです。翌日すぐに当時の上司に、スポーツ業界でコンサルティングの仕事をつくっていくためのタスクフォースを立ち上げたいと相談しました。もちろん、コンサルティング会社としてのビジネスになるかは不透明でしたが、社長も含め、「よし、やってみよう」といってくれたのです。タスクフォースを立ち上げ、有志を集めましたが、いざ仕事として取り組もうとすると、そもそもスポーツ業界とは何か、というところから紐解いていく必要がありました。

２０１３年と聞くとそれほど前ではないですが、今ほど「スポーツビジネス」という言葉は浸透しておらず、体系化された情報もなかったのです。

タスクフォースの取り組みの過程で、スポーツに関わる様々な人に話を聞きながら、共同研究や実証事業、欧米のスポーツビジネスの情報収集を行い、私たちなりに日本のスポーツ業界の課題を捉えてきました。本書はその知見をできる限り体系的に整理し、スポーツ業界の現状や今後の方向性に関する示唆をまとめたものとなっています。

２０１９年3月現在、スポーツはビジネスになっているのか、と聞かれれば、私の答えはまだ「ＮＯ」です。欧米ではスポーツ業界で働くことは、ドリームジョブと呼ばれています。リーグやチームで働くためには非常に高い競争を勝ち抜く必要があります。もちろん日本でも同様ですが、スポーツ業界の中核であるリーグ、チーム、競技団体で働く人たちは決して高い給料をもらっているわけではありません。

感動や夢を生み出すドリームジョブといわれる仕事であっても、現場の方々の待遇が良くならない状況では継続性は低いと思います。もっと待遇を良くしていく必要があるでしょう。

では、どうすればそのようになるのでしょうか。そのためにはこれまでにない新たな価値をリーグやチームが生み出して、それをお金に換えるしかありません。観客が増えることも重要ですが、スタジアムやアリーナの収容人数には限りがあります。チケット収入は、収容人数×試合数×1人あたりのチケット代がMAX（上限）です。スポーツという素晴らしいコンテンツを活用した新しい商品やサービスを生み出し、世の中に訴求していく必要があるのです。つまり、マーケティングそのものです。

本書は、スポーツ業界を俯瞰して分析していく中で考え出した、新たな価値を生む方法も示しています。スポーツビジネスに従事している、あるいはこれから従事しようとしている読者の皆様にとって何らかのヒントになるものと思います。

日本は、２０２０年に東京オリンピック・パラリンピックを迎えますが、私はこのまま単に雰囲気が盛り上がるだけでは、２０２０年以降、スポーツ業界の成長は停滞すると危惧しています。スポーツ業界の停滞は、国民の活力を奪うことにつながるでしょう。

私は、できるだけ早く「スポーツはビジネスになっているのか」という質問に、胸を張って「ＹＥＳ」といえる状況をつくり出したいと思います。読者の皆様にも、是非その一翼を担っていただければ幸いです。

CONTENTS

2章 スポーツビジネスのプレイヤーが抱える課題

3章 「スポーツ×α」で新規ビジネスを創出する——97

4章 スポーツビジネス市場の拡大に向けて——137

1 章

スポーツビジネスとは何か?

サッカーに代表されるプロスポーツを中心に、世界で急成長しているスポーツビジネス。スポーツは「感動」や「共感」を媒介とし、多くの人々の消費行動に強い影響を与える産業として、その規模や領域を今後も拡大させていく。だが、日本におけるスポーツビジネスの成長は欧米に後れをとっている。今後、日本でこのビジネスに関わる人がまず認識しなくてはならないのは、スポーツとはエンターテインメントであること、そして究極の「コト消費」ビジネスであるという視点である。

今世紀に入り「スポーツビジネス」は急速な成長を遂げている。とりわけ欧米ではサッカーに代表されるプロスポーツを中心にその規模が拡大する一方だ。今やスポーツビジネスは、その国の経済にも大きな影響を与える起爆剤として捉えられるようになった。

もっとも、日本では「スポーツビジネス」という言葉自体、ごく一部の業種や企業を除いて、ひと昔前まであまり身近ではない言葉だった。だがここ数年、スポーツ産業に直接的に関わりのなかった多くの企業にも浸透し、スポーツというコンテンツを「新規事業の創出に活用できないか」「既存事業の強化につなげられないか」などと試行錯誤をし始めている。

日本におけるこうした新たな動きのきっかけとなったのは、やはり2013年9月、アルゼンチン・ブエノスアイレスでの東京オリンピック・パラリンピックの招致決定であったと考えている。日本のスポーツビジネスの世界も、オリンピック・パラリンピックの開催を契機として大きな波に乗る絶好の時機を迎えている。

私自身がスポーツビジネスの世界に本格的に身を投じる決意をしたのも東京オリンピック・パラリンピックの招致決定の直後である。これからの日本において「ビジネス」としてのスポーツに大きな可能性を感じ、そこに照準を合わせることにしたのだ。以来、社内にタスクフォースを立ち上げて、スポーツ業界におけるコンサルティングのあり方を考えながら経験を積み、２０１7年4月にアビームコンサルティングの新たな部署として「Sports & Entertainment セクター」を開設した。そこから2年弱が経過しているが、ビジネスの各領域で培ってきた知見やノウハウを多面的、多角的にスポーツの世界に活用し、新たな事業の開拓・推進に取り組んでいる。

本書ではそうした取り組みの中で構築してきた理論や具体的なケーススタディーについても紹介していく。まずはスポーツビジネス市場の概況、構造から整理していこう。

拡大していくスポーツビジネス市場

まず読者の皆さんは「スポーツビジネス」と聞いたときに、どんな「ビジネス」を思い浮かべるだろうか。野球やサッカーなどのプロスポーツのリーグやチームの運営、スポーツ用品の製造・販売、スポーツイベントの企画・開催・放映——思い浮かぶもののの多くは、スポーツに「直接的」に関連するものではないだろうか。

だが、今やスポーツは「感動」や「共感（Sympathy）」を媒介とし、より幅広くより多くの人々の消費行動に強い影響を与える産業として、その規模や領域を拡大している。同時にビジネスの手法も変化している。

スポーツにおいては、スポンサーは必要不可欠である。プロスポーツのチームやアスリートにスポンサーがついていることは皆さんもよくご存じだろうが、このスポンサーのあり方というのも、近年よく議論されている。従来、企業が自社の活動にスポーツを活用する一般的手法は、ユニフォームに社名や企業ロゴをつけることによる知名度の向上というシンプルなものであった。

それは現在も有力な手法の一つではあるが、既に知名度のある企業は、知名度の向上以外の効果を期待している。人気スポーツのスポンサーになれるような大企業の知名度は、既に十分に高いケースが多い。したがって、ユニフォームへのロゴの掲出による知名度向上だけではスポンサーをしている意味を感じにくくなっている。そのため、スポンサーシップのあり方には多様化が求められており、より具体的な効果が得られるように様々な形態がとられるようになってきている。

例えば、スポーツコンテンツを核とした地域活性化や街づくり、スポーツコンテンツを活用した企業の事業強化、新規事業創出などといった試みだ。スポーツと企業がどれだけ双方にメリットをもたらす関係が構築できるのか、スポーツビジネスの発展はそこにかかっているといっても過言ではない。

また、スポーツビジネス関係者やスポーツビジネスに従事したい人々が集まり、最新事例やテクノロジーを紹介する「カンファレンス（会議）」も以前に比べてはるかに頻繁に行われている。そして、そのどれもが盛況をみせている。

カンファレンスの主たるテーマも、以前は——例えば3年ほど前なら「スポーツアナリティクス」といったテーマが取り上げられることが多かった。主としてテクノロジーを活用することによってチームや選手のパフォーマンスをいかに向上させるかといったことにフォーカスしたものであった。つまり、カンファレンス自体、直接的にスポーツに関わっている企業や専門家に向けたもので、カネをどう生み出すのか、スポーツビジネス市場をどう拡大していくのかという議論は少なかったように思う。

だが、昨今ではカンファレンスで掲げられるテーマにも変化が現れている。スポーツにおいて「選手のパフォーマンスの向上」が重要なテーマであることに変わりはないが、現在ではスポーツという潜在力を秘めたコンテンツを「いかに自分たちのビジネスに活かすか」というように、「スポーツをビジネスにつなげる」視点にシフトしている。

実際、最近のカンファレンスの多くでは「マーケティング」が主要テーマとして挙げられるようになっている。そのテーマにスポンサーシップは必ず含まれている。また、参加者も以前はプロのリーグやチーム、体育大学関係者や学生など、スポーツに直接関わりがある人が多かったが、今では一般企業の経営企画部門や新規事業開発部門、マーケティング部門のビジネスパーソンなど「異業種」の人々が増えている。

スポーツに直接的な関わりを持たない企業の多くが、スポーツにビジネスチャンスを求めて積極的な動きをみせるようになってきているのだ。

2025年までに市場規模を約3倍に

既に2008年をピークに人口減少の段階に入った日本では、必然的に多くの市場が縮小に向かっている。しかし、そうした状況においても、スポーツビジネスは、最先端技術の導入や、それらにより取得する各種デジタルデータの分析・活用、新たな観戦体験の創出といったこれまで「未開拓」だった新分野を切り開く余地が多くある。

それにより新たな市場が生まれることが期待されている。

日本政府もスポーツビジネスの可能性に着目し、2015年10月にスポーツに特化した新たな行政機関であるスポーツ庁を発足させた。2016年6月には安倍晋三内閣が閣議決定した「日本再興戦略2016」の「官民戦略プロジェクト10」の一つとして「スポーツの成長産業化」が掲げられている。

こうした動きを背景に、スポーツ庁はスポーツを成長産業として振興させることを目指し、経済産業省とともにスポーツビジネスの戦略的取り組みを行う「スポーツ未来開拓会議」を立ち上げた。2016年6月に発表した「スポーツ未来開拓会議中間報告」によれば、スポーツビジネスの市場規模を5.5兆円（2012年時点）から2020年には10・9兆円へと倍増、さらに2025年には約3倍の15・2兆円規模まで拡大するプランを立てている。

世界に目を向ければ、スポーツビジネスは既に急成長を遂げている巨大産業だ。米国の調査会社 Plunkett Researchの試算によると同国のスポーツビジネス市場は2017年に年約5200億ドル（約58兆1800億円）を誇り、着実な成長を継続している。市場規模の計算方法は前述のスポーツ庁の計算とは異なるため、並べての比較は難しいところだが、規模感として全然違うということはわかる。

3年連続で世界的なイベントを開催、「ゴールデン・スポーツイヤーズ」

２０１８年2月23〜24日にボストンで開催されたスポーツ産業カンファレンス「MIT Sloan Sports Analytics Conference 2018」（MIT SSAC 2018）には、約３５０0人以上が参加し、初日のセッションにはバラク・オバマ前大統領も登壇。スポーツビジネスにおけるデータ活用の重要性をスピーチしたことからも、米国の産業界におけるスポーツビジネス市場の熱い盛り上がりがうかがえるだろう。

また中国でも、政府の積極的なスポーツ産業支援もあり、２０１６年に1.5兆元（約25兆円）だったスポーツビジネスの市場規模を２０２５年までに5兆元（約83兆円）規模にすることを目指しているという。中国政府が施設建設をバックアップし、アリババやテンセントなどの中国ＩＴの巨人たちがスポーツビジネスへの参入を進めている。中国の市場規模は圧倒的な人口に支えられているところが大きい。

東京オリンピック・パラリンピックを控えて、日本では急速に様々なテクノロジーやサービスが開発されている。既に市場が成熟している米国を開拓するのは難しくて

■日本のスポーツ産業の市場規模拡大について（試算）

（単位：兆円）

スポーツ産業の活性化の主な政策		現状（※1）	2020年	2025年
（主な政策分野）	（主な増要因）	5.5	10.9	15.2
①スタジアム・アリーナ	▶スタジアムを核とした街づくり	2.1	3.0	3.8
②アマチュアスポーツ	▶大学スポーツなど	—	0.1	0.3
③プロスポーツ	▶興行収益拡大（観戦者数増加など）	0.3	0.7	1.1
④周辺産業	▶スポーツツーリズムなど	1.4	3.7	4.9
⑤IoT活用	▶施設、サービスのIT化進展とIoT導入	—	0.5	1.1
⑥スポーツ用品	▶スポーツ実施率向上策、健康経営促進など	1.7	2.9	3.9

※1　日本政策投資銀行「2020年を契機としたスポーツ産業の発展可能性および企業によるスポーツ支援」（2015年5月発表）に基づく2012年時点の値

（出典：スポーツ未来開拓会議資料）

■スポーツ産業の市場規模
（2017年）

米国全体のスポーツ産業の推定規模	5199億ドル（約58兆1800億円）
米国におけるスポーツ広告への企業の出費（1年間）	377億ドル（約4兆2200億円）
全世界のスポーツ産業の推定規模	1兆3000億ドル（約145兆5000億円）

（出典：Plunkett Research）

も、人口が多く成長が見込める中国は日本のスポーツビジネスのプレイヤーにとって魅力的な市場になり得るだろう。日本の市場規模はまだまだ米中両国と肩を並べるレベルには遠く及ばないが、今後の大きな成長が期待されている。

そして、2019年にはラグビーワールドカップ、2020年には東京オリンピック・パラリンピック、2021年にはワールドマスターズゲームズ2021関西（ワールドマスターズゲームズは、中高年齢者のための世界規模の国際総合競技大会）と世界的に注目を集める大きな国際スポーツイベントが連続して日本で開催される。この「ゴールデン・スポーツイヤーズ」とも呼ばれる時期を迎え、当然のごとくスポーツへの関心はより高まっている。まさに今である。これらの世界的ビッグイベントが開かれる日本は、最先端のスポーツ関連ビジネスやスポーツ関連技術の「ショーケース」となるだろう。従来のイベントとは違う次世代のイベントとなるはずだ。いや、ならなければならない。

これはスポーツビジネスを拡大するためのこれまでにない大きなチャンスとなる。スポーツ庁の狙い通り約3倍という市場規模の成長が簡単に実現するかどうかはさておき、スポーツビジネス市場は未来に向けてさらなる盛り上がりをみせていくはずだ。

そこで日本の各企業がスポーツというコンテンツでつながり、新たな事業創出のチャンスを活かすことができれば、日本のスポーツビジネス産業が大きく飛躍することは間違いない。スポーツと何かを組み合わせることによって生まれる価値はいくらでも考えられる。「スポーツ×α」（スポーツと他の事業や技術といった要素を掛け合わせること）の可能性は無限なのだ。

スポーツビジネスの顧客基盤とプレイヤー

現在のスポーツシーンを見渡してみたとき、存在感が大きいのはやはりサッカー、野球、バスケットボールなどのプロスポーツビジネスである。確かにサッカーのJリーグやプロ野球のチームといった「コンテンツ」を持つステークホルダーは、スポーツビジネスの主要プレイヤーである。スポーツビジネスは、こうした「コンテンツホルダー」たちと、そのコンテンツを活かしてビジネスを生み出す「コンテンツユーザー」たちによって構成されている。

スポーツビジネスというと、このコンテンツホルダーを中心に考えることが多いが、私はスポーツビジネスのターゲットエリアをより広く捉えており、それぞれの主要プ

■スポーツビジネスにおける主要プレイヤー

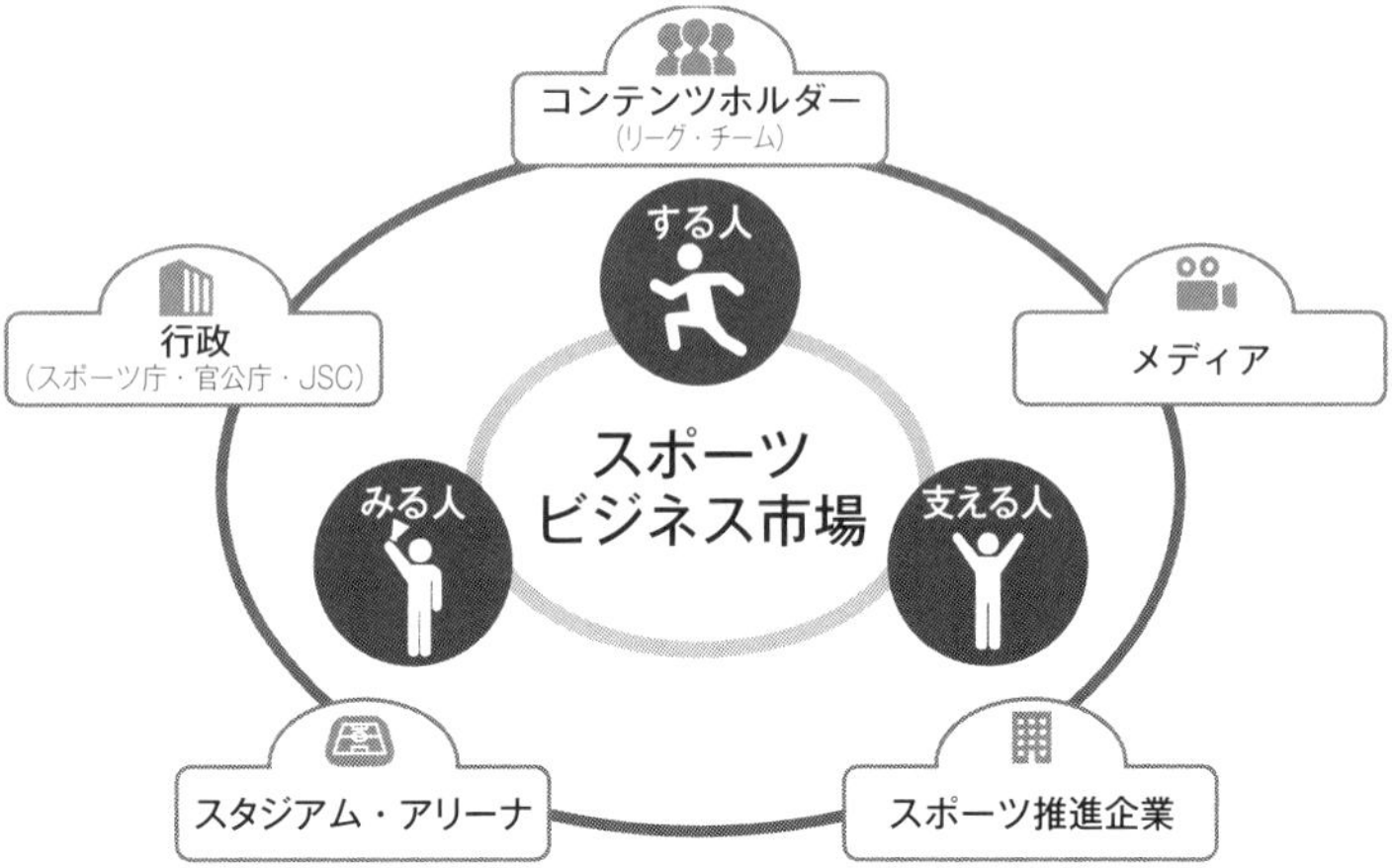

【コンテンツホルダー】

スポーツコンテンツを活用する権利（著作権、肖像権、放映権など）を保有するチームやリーグ、競技団体。スポーツコンテンツを活用して何かしようとするのであれば、コンテンツホルダーは当然パートナーとなる。リーグやチームから権利を買っているメディアや広告代理店、選手の肖像権を管理するマネジメント会社もコンテンツホルダーである。

【行政】

スポーツ庁、日本スポーツ振興センター（JSC）、自治体のスポーツ振興担当部署。スポーツツーリズムという観点では、観光庁なども含まれるだろう。スポーツ行政は、基本的にスポーツ庁のスポーツ基本計画に基づき推進されている。スポーツ基本計画に関連する施策は補助金が用意されているため、とりあえず動向は押さえておくべきである。ただし、筆者が見る限り、2020年 東京オリンピック・パラリンピックに向けたパフォーマンス強化施策が中心であり、マーケティングに関する補助金は見当たらない。

【スタジアム・アリーナ】

スタジアム・アリーナは、スポーツをみる人が集まる場所であり、マーケティング活動には有効な場所となる。国内のスタジアム・アリーナは、ほぼ自治体が所有しており、運営は自治体が選定した指定管理者によって行われている。指定管理者はプロチームのホームスタジアム・アリーナであれば、そのチームが担うことが多い。ただし、スタジアム・アリーナを活用する場合にも、チームと連携すればよいというわけでもなく、施設そのものに手を加えるような話であれば、その施設の設計業者、ゼネコンとの連携も必要となる。なお、施設に手を加える場合、責任分解点の問題が大きく関係者の合意は得られにくい。

【スポーツ推進企業】

いわゆるスポーツ用品メーカーなど、スポーツに商品・サービスを提供している会社はもちろんではあるが、この 1、2 年でそれ以外の企業でも、スポーツに関わりたい企業は増加している。業種は多種多様で、スポーツコンテンツを活用して新規事業に取り組みたい、既存事業を強化したいというニーズがある。何をやるかにもよるが、現在はパートナーを探しやすい環境にある。また、アスリートのパフォーマンス改善の領域を中心に、スタートアップも増加している。マーケティングにおいてスポーツコンテンツを活用する場合、こうしたスタートアップとパートナーになることも有効である。

【メディア】

メディアはコンテンツホルダーともスポーツ推進企業ともいえるが、スポーツコンテンツ活用では最も有効なプレイヤーとなるため、別枠として捉えたほうがよい。なお、スポーツコンテンツを活用した新たな取り組みは、メディアにも取り上げられやすい。その点でメディアとのリレーションシップを築いておいて損はない。テレビ局、OTT（DAZN などの Over The Top)、ウェブメディア、新聞、雑誌などとリレーションがあれば、新たな取り組みの発信が可能となる。現状、メディア側もスポーツビジネスのネタ探しに積極的である。

レイヤーと「エコシステム（ビジネス生態系）」を構築して継続的にビジネスを循環させ、新たな価値を創出していくことが市場の活性化をもたらすと考えている。

ここでスポーツビジネスの構造と5つの主要プレイヤーを整理しておこう。

まずスポーツビジネスの顧客基盤（Customer）は、図の中心部分にいる「スポーツをする人」「スポーツをみる人」「スポーツを支える人」の三者と捉えられる。

「スポーツをする人」はプロの選手やアスリートといったトップレベル層はもちろん、アマチュアの競技者、趣味や健康のために草野球やジョギングをする人、フィットネスクラブに通っている人などのライト層も含む。

「スポーツをみる人」とは観客だ。スタジアムやアリーナといった場所で、ナマでスポーツを観戦する人々もいれば、テレビやインターネットの中継で観戦を楽しんでいる人々もいる。チケットを買い、チームのグッズを買うなど、コンテンツホルダーにカネを払う人々でもある。「スポーツをみる」楽しみは現代に生きる多くの人にとって身近なものであるが、みる人のニーズも変わっていく。コンテンツホルダーやメディアは、みる人のニーズに合わせた見せ方を考えていくことが重要だ。

「スポーツを支える人」は監督やコーチ、トレーナーといった選手のパフォーマンス向上を担う人、審判といったスポーツの現場をサポートする人々、スポーツボランティアなどを指している。

なお、「アスリート・ファースト」という言葉がある。「スポーツをする人」を優先して物事を考えるということであり、スタジアムやアリーナの建設にあたりその環境整備の方針としてよく使われている言葉だ。もちろんアスリートがパフォーマンスを最大限発揮できる環境というのはいうまでもなく重要である。しかし、スポーツにカネを払ってくれるのは誰だろうか。「スポーツをみる人」である。そう考えれば、スポーツビジネス市場の拡大にあたっては、観客ファーストで物事を考えていくべきであろう。みる人から得たカネでアスリートの環境も整備される。観客が多ければアスリートのパフォーマンスも上がるのではないだろうか。北京オリンピック銀メダリストで日本フェンシング協会会長の太田雄貴氏も「オーディエンス・ファースト」と「アスリート・ファースト」を掲げ、観戦スタイルを変革し、新たな観客層の獲得に取り組んでいる。

そして、この顧客基盤を取り巻くようにスポーツビジネスには大きく5つのキープレイヤーが存在している。

まず一つが、先にも触れた「コンテンツホルダー」だ。これはスポーツ選手や監督、コーチなどが所属し、そのスポーツコンテンツを活用する権利（著作権、肖像権、放映権など）を保有するリーグやチーム、競技団体を指す。リーグやチームから権利を買っているメディアや広告代理店、選手の肖像権を管理するマネジメント会社もコンテンツホルダーである。

「行政」もスポーツ振興に大きな役割を果たしており、日本においても政府や行政の活動が活発化している。スポーツ庁、日本スポーツ振興センター、日本スポーツ協会、自治体のスポーツ振興担当部署などがここに当てはまる。スポーツツーリズムという観点では、観光庁なども含まれるだろうし、「スポーツ×α」という観点ではすべての省庁が関わっていく。スポーツ行政は、基本的にスポーツ庁のスポーツ基本計画に基づき推進されている。スポーツ基本計画に関連する施策は補助金や助成金が用意されており、それを他のプレイヤーに提供して政策面での支援をしている。また、自治体が市民の健康増進を目的として、「トレーニングセンター」「スポーツジム」「プール」「体育館」を運営し、スポーツ関連のイベントを企画・開催することもある。

試合や競技が行われる「スタジアム・アリーナ」は、スポーツを直接みる人が集まる場所だ。マーケティングの主戦場にもなる。国内のスタジアム・アリーナは、ほぼ地方自治体が所有しており、運営は自治体が選定した指定管理者によって行われている。プロチームのホームスタジアム・アリーナであれば、そのチームが管理者の役割を担うことが多い。日本では現在50カ所以上のスタジアム・アリーナの建設・建て替え構想が存在しており、今まさに建設ラッシュを迎えている状況だ。

「スポーツ推進企業」については、アディダスやナイキ、アシックス、ミズノなどといったスポーツ用品メーカーがイメージしやすいと思うがそれだけではない。スポーツを自分たちの事業のブランディングや新規事業に活かそうとする民間企業も含めて、「スポーツ推進企業」という枠組みで捉えている。近年はアスリートのパフォーマンス向上や観戦スタイルの革新などの領域を中心に、最先端技術の活用が活発化していることから、ＩＴ系ベンチャー企業やスタートアップ企業のスポーツ市場への参入も増加している。

そして、「コンテンツホルダー」から放映権を購入している「メディア」も、いうまでもなくスポーツビジネスにおいて重要なプレイヤーだ。メディアはコンテンツホルダーでもあり、スポーツ推進企業でもあるが、スポーツコンテンツ活用では突出したプレイヤーとなるため、別枠で捉えている。テレビ局、ＯＴＴ（Over The Top＝動画・音声などのコンテンツをインターネット経由で提供する事業者）、ウェブメディア、新聞、雑誌など、メディアにも様々な形態がある。従来、放映権ビジネスではテレビがメインであったが、近年ではＯＴＴが大きな存在感を見せている。例えば、２０１６年に、スポーツのライブストリーミングサービス「ダゾーン（ＤＡＺＮ）」が、２０１７年から10年間にわたるＪリーグの全試合放映権を約２１００億円で獲得、日本史上最高額となる大型契約が実現して話題となった。ＯＴＴの普及は、スポーツイベントをスマートフォンで手軽に視聴することを可能にし、スポーツをみる人の数を増やす役割を果たしている。

スポーツは究極の「コト」ビジネス

今後、スポーツビジネス産業をさらに発展させ、拡大していくためには、まずこれらの５つの主要プレイヤーたちがそれぞれ顧客のニーズをしっかりと把握し、相互のパートナーシップによって新たな価値を創出していく「エコシステム」を構築することが必要となる。そのニーズに合致した商品・サービスをスポーツ産業全体が連携して提供していくことで、カネが循環し、市場の発展・拡大が達成される。

しかし、現状そのような発展・拡大に向けたカネの循環ができているかといえば、そうではない。私が照準をスポーツに合わせたのは、実はこの点において強い問題意識があったことが大きい。

スポーツという、人や企業をつなぐツールには、まだまだ潜在力がある。スポーツは多くの人々に感動を与え、勇気づけ、夢をもたらすものだ。それは多くの人が身をもって実感している。スポーツに親しみ、楽しむ人が増えていくことは、日本を元気にしてより素晴らしい社会を形成するために必要だ。そしてスポーツが発展するためには、「ビジネス」としての発展がカギを握っている。

これまでのスポーツの世界を振り返ると、とりわけ日本では「教育」の一環として捉えられることが多かった。そして、鈴木大地スポーツ庁長官の言葉を借りれば、「稼ぐことに罪悪感があった」。もちろん、スポーツの持つ教育的効果にまったく異論はないのだが、同時にスポーツはエンターテインメントでもある。人々を楽しませてカネを生み出し、循環させていく「エンターテインメントビジネス」という視点でスポーツを捉え直すことも、同じように重要なのだ。スポーツで稼ぐという視点でみると、日本は欧米に比べてまだまだ後れをとっている。

従来、スポーツビジネスの中心となってきたのは、「コンテンツホルダーが試合や競技というコンテンツの放映権をメディアに売り、メディアがそれを観客（みる人）にみせてカネを稼ぐ」というビジネスモデルだ。そして、コンテンツホルダーはそうして得たカネを選手のパフォーマンス向上やチームの戦力強化に充て、さらなる勝利を目指す。このシンプルな循環が、スポーツビジネスの最も基本的な根幹にあることは間違いない。だが、スポーツビジネス市場の発展・拡大には、この領域にマーケティングといった視点を取り入れていくことが、今後は不可欠になっていく。「勝負」以外の楽しさを提供することも重要なポイントとなる。

既にそうした流れは始まりつつあるが、まだまだ十分とはいえない。さらにスポーツビジネスのプレイヤーを巻き込んで、より大きな循環構造をつくって産業を活性化すべきだ。そして、一般の企業がスポーツというコンテンツを活用することで新しい価値や、新しいビジネスを継続的に創り出していくことで、スポーツビジネスは日本社会をより豊かなものにすることに寄与できる。そのためにスポーツビジネスに関わる人がまず認識しなくてはならないことは、「スポーツは究極の『コト消費（特別な体験や思い出などにカネを払う）』ビジネスである」ということだ。

バルセロナで売られていた芝生の価値

スポーツは非常にポジティブな可能性に満ちたコンテンツだ。そこでは機能的な価値のある商品やサービスを売る「モノ」ビジネスとは異なり、「心に残る思い出」といった、より情緒的で主観的な価値が求められている。

「楽しむ」「興奮する」「感動する」「癒やされる」「意欲が向上する」――そんな「体験」を創り出すことが、スポーツをビジネスとして捉えたときの成功のカギになる。

現在の日本は消費活動が萎縮した「低欲望社会」などと呼ばれることがある。実際、総務省による全国消費実態調査や家計調査によれば、年間を通した消費活動は、２００６～２０１６年の10年間をみると全所得階層において下落している。また、同様に貯蓄志向も高まる傾向にあり、日本人はあまりカネを使わなくなっている。しかし、家計の中で「モノ」の消費割合は減少しているが、教養娯楽サービスの消費割合は上昇している。つまり、消費者の興味は「モノ」から「体験」、つまり「コト」へシフトしているのがみてとれる。上位コースでは1人あたり約100万円もするクルーズトレイン「ななつ星 in 九州」が人気になったことも記憶に新しい。

そんな中、様々な「体験」を創り出すことで多くの人を熱狂させるスポーツは、究極の「コトビジネス」といえるだろう。そこでは、当然「モノ」ビジネスとは異なる視点、思想が必要となってくる。

それが象徴的に現れている一つのエピソードとして、私が2017年にスペイン・バルセロナに行ったときの体験をお伝えしたい。

毎年、「Stadium Business Summit」というカンファレンスが欧州で開催されており、2017年の開催地がバルセロナだった。カンファレンスが主催するスタジアムツアーで、私はカンプ・ノウを訪問した。サッカーファンであればご存じかと思うが、世界ナンバーワンプレイヤーといわれるアルゼンチンのリオネル・メッシの所属するFCバルセロナの本拠地である。そこで驚かされたのが、「使い終わったフィールドの芝生」の切れ端が売られていたことだ。

小さなカプセルにほんの少しの「芝生」の切れ端が入っていて価格は10ユーロ（約

1270円)。サッカーに興味のない人からすれば、信じられない価格かもしれない。カプセルに入った芝生に機能的な価値は一切なく、サッカーファン以外には廃棄されるだけのゴミ同然のものだからだ。

そんなカプセルに入った芝生を見つめていた私に売り子がいった。

「これはメッシが踏んだ芝生だよ」

私はFCバルセロナのかねてからの大ファンで、なかでもメッシにはサッカー少年が抱くような強い憧れの念を持っている。そう声をかけられた時点で猛烈に購買意欲を煽られてしまった。

売り子は追い打ちをかけてくる。

「こっちは優勝したときの芝生だよ。15ユーロ」

もう買うしかない——そのときの私は、本来、廃棄するだけの芝生の切れ端にものすごい価値を感じたのである。

繰り返すが、芝生そのものに使用価値はほとんどない。しかし、FCバルセロナというチームは、私のようなサッカーファンの心に響く「ストーリー」をそこに付与したのである。それは「あのメッシが踏んだ芝生、チームが優勝したときの芝生」とい

スペインのカンプ・ノウで売られていた「メッシが踏んだ芝生」。左の写真ではカプセルの中に入れて売られている（写真：筆者）

うストーリーだ。

このストーリーこそが、私にとって大きな価値となった。「メッシへの憧れ、チームが優勝したときの興奮・感動」を呼び起こすことで、「共感」を生んだのである。

日本に持って帰ったところでまったく使用価値のない芝生でも、そこに込められたストーリーに共感することで「手に入れたい」という気持ちになるのだ。そう考えると、スポーツにおいて、このような共感が大きな力を持つ事象は数多くみられるのではないだろうか。

高校野球をみてなぜ人は涙を流すのか。その理由の一つは「高校時代」という限られた時間の中で夢を叶えることに一生懸命な球児の姿への「共感」だろう。

メジャーリーガー・大谷翔平選手の全打席がなぜ日本で放映されるのか。それは打者とピッチャーの両立という、かのベーブ・ルースの時代を除いて誰も成し遂げていない「二刀流」に挑戦する姿への「共感」だろう。

スポーツには、こうした「共感ストーリー」をつくる多くのチャンスがある。オリンピック・パラリンピックやサッカーのワールドカップなどにおいて、アスリートのパフォーマンスに心を動かされる体験は忘れられない記憶として残る。そして、その体験は、他の多くの観戦者とおのずと共有することになり、後々まで多くのファンたちがその場面を語り続けるのだ。

この特性を利用して、心に響く共感ストーリーをつくることが、スポーツをビジネスで活用するうえでのポイントだ。もっとも、実際にスポーツを活用した共感ストーリーをせっかくつくっても、うまくマーケティングに活用している事例は国内ではまだ多くはないのが実態である。

なお、海外の大物選手を相次いで迎え入れているヴィッセル神戸にも、ぜひ芝生を販売してほしい。「アンドレス・イニエスタが踏んだ芝生」には、大きな可能性を感じる。サッカーファンなら、その芝生に共感を持つ人は多いはずだ。少なくとも私は欲しい。

幼少期を過ごしたブラジルで感じたスポーツの持つ「熱量」

このように私がスポーツに大きな可能性を感じている根底には、幼少の頃にブラジルに住んでいた経験が影響している。父親の仕事の関係で、6歳から11歳という多感な少年期をブラジル南東部に位置する大都市・サンパウロで過ごしたのだ。ブラジル国民がいかにサッカーというスポーツを愛しているかは今さら説明するまでもないだろう。当時、小学生になったばかりの私も、自然とサッカーに触れることになり、もちろん毎日サッカーをして遊ぶことになった。ブラジルでは老若男女を問わず、誰しもの日常に当たり前のようにサッカーがあった。狭い路地で裸足でサッカーをする子どもたちは本当に実在する。また、多くの子どもたちや大人が、普段着としてブラジル代表やサンパウロのユニフォームを着ているのだ。私も自然とユニフォームを着て学校に通っていたことを記憶している。

ブラジル人のサッカーに対する熱狂を何より強く感じさせられたのは、ブラジル在住時に2回開催されたＦＩＦＡワールドカップ――1982年のスペイン大会と、1986年のメキシコ大会だ。小学生だったが、ブラジル人の盛り上がりから受けた衝撃はとてつもなく大きかった。

ブラジル代表戦が行われる日は学校も会社も休みになり、子どもから大人まで国民すべてが声を上げてブラジル代表を応援する。ブラジル代表が得点を決めようものなら、街中の家々から放たれるクラッカーの音が一斉に響き渡る。まさに国を挙げて熱狂していた。

日々の実生活にサッカーというスポーツが完全に定着していて、子どもたちは自分の夢をそこに投影し、さらに国全体を盛り上げる圧倒的な熱量を生み出す。そんなブラジル人たちを見てきたことが原体験となり、私は子ども心にスポーツの持つポジティブな可能性を感じ取ったのだと思う。

日本に帰ってからも私はサッカーをはじめ様々なスポーツに親しんできた。そうした中で、日本にはスポーツを純粋に「楽しむ」という観点が欠けていると感じることが少なからずあった。やはり日本のスポーツは「教育」の延長線上にあるように思う。

しかし、ブラジル人がサッカーを楽しむように、日本人の多くがやがて心の底からスポーツを楽しめるようになったら、きっと何かが変わる。そういう直感もあった。

もちろん、既に日本においても野球やサッカーはスタジアム・アリーナに数万人単位の集客を実現し、メディアの中継を含めれば、ときに数百万人さらには一千万人を超えるほどの人々の心を動かすことができる稀有なコンテンツだ。バスケットボールもそこに追随していこうとしている。卓球もプロリーグを立ち上げた。スポーツならではの熱狂と共感はもっと広げていくことができる。それをビジネスにしてカネを生み、その継続的な発展に貢献していきたいと私は考えている。また、皆が自分の好きなようにスポーツを生活に取り入れて、もっと気楽に楽しむようになれば、もっと人々は元気になって幸せになるはずだ。この「スポーツを楽しむ」という「コト」をさらに日本中にあまねく普及させていくことも、スポーツビジネス発展の大きなカギになるだろう。

2章

スポーツビジネスのプレイヤーが抱える課題

スポーツビジネスが今後、世界規模で大きく発展していくことは間違いないが、日本のスポーツビジネスには課題が多いことも事実。例えば、マーケティング不在のプロスポーツ、企業ロゴをユニフォームに貼りつけるだけの古いスポンサーシップ、スタジアムやアリーナが抱える構造的な問題、人材の不足、「体育」の価値観から抜け出せないスポーツ関連団体の古い体質――などである。この章では今後、日本のスポーツ界が解決すべき課題について見ていこう。

スポーツビジネスには大きく発展するポテンシャルがある。発展とは、前述したスポーツビジネスのプレイヤーに満遍なくカネが回り、市場規模が拡大していくことだ。しかし、そのためにはまだまだ取り組むべき課題が多いことも事実だ。本章では日本のスポーツ業界が解決すべき課題について見ていきたい。

ファンを惹きつけるのは、果たして「強さ」だけか!?

日本のプロスポーツを見てみよう。プロスポーツの収益源となっているのは、主にテレビ・ＯＴＴなどの放映権、スポンサー収入、観客が支払うチケット料（観戦料）である。つまり、リーグやチームといったコンテンツホルダーは、「試合というコンテンツを観客にみせてカネを稼ぐ」ことをコンテンツ活用の中心に置いている。

そして、チームはこうして得た収益の大半を、秀でた才能を持った選手の獲得や練習環境の整備といった、試合に勝つための「強化費」として使う。スポーツの世界においては、いうまでもなく「勝つ」ことは最重要かつ不変のテーマの一つだ。チームの経営層が多額の強化費を用意し、選手たちが毎日、厳しい練習を繰り返し行っているのは勝つためである。いわゆるアスリート・ファーストだ。

強い選手、強いチームはより多くの人々を魅了し、そのファンを増やしていくだろう。ファンが増えれば試合をみに来る観客も増え、チケット料やグッズ収入など収益の増加が期待できる。そうして得た収益でチームや選手をさらに強化する。このサイクルがチーム運営の基本形となっている。

しかし、である。例えばプロ野球やJリーグで、「勝つ」という目的の最終ゴールである「優勝」「日本一」に到達できるのはたった1チームだけである。あらゆるチームは優勝を目指して莫大な強化費を計上し、他チームを上回るための厳しい練習を重ねていく。だが、優勝を勝ち取ることで「強さ」という魅力を思う存分アピールできるのは、詰まるところ一つのチームだけなのだ。

ビジネスとしての収益を上げるために、「強さ」の向上を目指すことは間違いではない。弱いチームより強いチームの方が魅力的だし、収益につながる多くのファンを生み出すだろうが、どれだけ強化費をかけたところで、それが確実に優勝につながるわけではない。

高い報酬を払ってスター選手を獲得しても、良い結果が得られなかったという例はプロスポーツ界にはいくらでもある。強化費をそのチームが使える予算の中で極限まで増やしたところで、優勝できるかどうかはある意味、「賭け」に近いともいえるのだ。そうした現実を踏まえると、限られたカネを常に強化費に集中させるのは、チームのビジネスとして本当に正しいといえるだろうか。

プロスポーツは勝負の世界だから、強くなるための強化費はもちろん必要な支出である。しかし、「優勝」という到達できるかどうか不確実な目的以外に、カネを使うべきことはないだろうか。

例えば――山本真司氏と広瀬一郎氏の共著『ビジネスで大事なことはマンチェスター・ユナイテッドが教えてくれる』によると、イングランドのプロサッカーリーグ「プレミアリーグ」に加盟するマンチェスター・ユナイテッドには、金融事業を行う関連会社があり、チームの人気やブランド力をうまく利用して、銀行業務や、住宅ローン、クレジットカードなどのビジネスに成功している。同チームのファン向けのクレジットカードに関しては、ポイント還元の一環で何組かのユーザーをチームの練習に招待するなど、ファンなら誰もが入会したくなるようなサービスを売りにしている。招待された人たちは、憧れのチームの練習を間近にみることができるわけだ。住宅ローンも金利に差がなければ、マンチェスター・ユナイテッドの関連会社から借りようとするファンも少なくないだろう。クレジットカード事業や住宅ローンは、チームの戦績と関係なく、ファンをターゲットとして継続的に安定収益を生み出すビジネスだといえる。

このようにマンチェスター・ユナイテッドは資金を選手獲得などのチーム強化費だけではなく、「勝たなくても稼げる」という多角的ビジネスの基盤づくりに投資してきた。マンチェスター・ユナイテッドは90年代前半からビジネス基盤づくりに着手し、収益性と実力を高めていった。多くのファンとの関係を築き、収益につなげるマーケティング強化を図りつつ、ファーガソン監督によるチーム強化も並行して進めていったのである。こうした挑戦の結果として、マンチェスター・ユナイテッドは2018年7月に米経済紙フォーブスが発表した「世界の最も価値あるスポーツチーム」のランキングで2位となった。その資産価値は41・23億ドルだ。桁違いの価値である。なお、1位は米国ナショナル・フットボールリーグ（NFL）のダラス・カウボーイズで48億ドル、3位はスペインのプロサッカーリーグ、ラ・リーガのレアル・マドリードで40・9億ドル、4位は同じくラ・リーガのFCバルセロナで40・64億ドルである。

こうして、「勝つ」ことのみに投資を集中せずに、継続的かつ安定的な収益を生むビジネス基盤に投資し、そこで稼いだカネを「勝つ」ための投資に回していったのである。スポーツをビジネスとして捉えたときに、この考え方は、優勝を追い求めるのと同等か、あるいはそれ以上に重要なことだ。多くのプロチームの参考になるだろう。

では、どのようなビジネス基盤が必要となるのだろうか。

ファンを獲得する「魅力の要素」

プロスポーツにおいてチームを継続的に発展させるためには、「魅力向上」→「ファン獲得」→「利益創出」のサイクルを回し続けることが必要だ。これは何も特別な話ではなく、魅力的な商品・サービスを生み出し、顧客を獲得し、利益を生む、ということであり、スポーツ以外のビジネスでも当たり前の話である。

チームの魅力を多くの人々にアピールすることで既存ファンのロイヤリティを高め、さらに新規のファンを獲得する。そのファンたちがカネを支払うことによって利益を得る。そして、この利益が次の投資の原資となる。さらに、新たな投資によってチームの魅力をさらに向上させる――このサイクルの繰り返しによって、チームが継続的に発展していく。もし、このサイクルがうまくいかなければ、そのどこかに解決すべ

■スポーツチームの継続的発展のために必要なサイクル

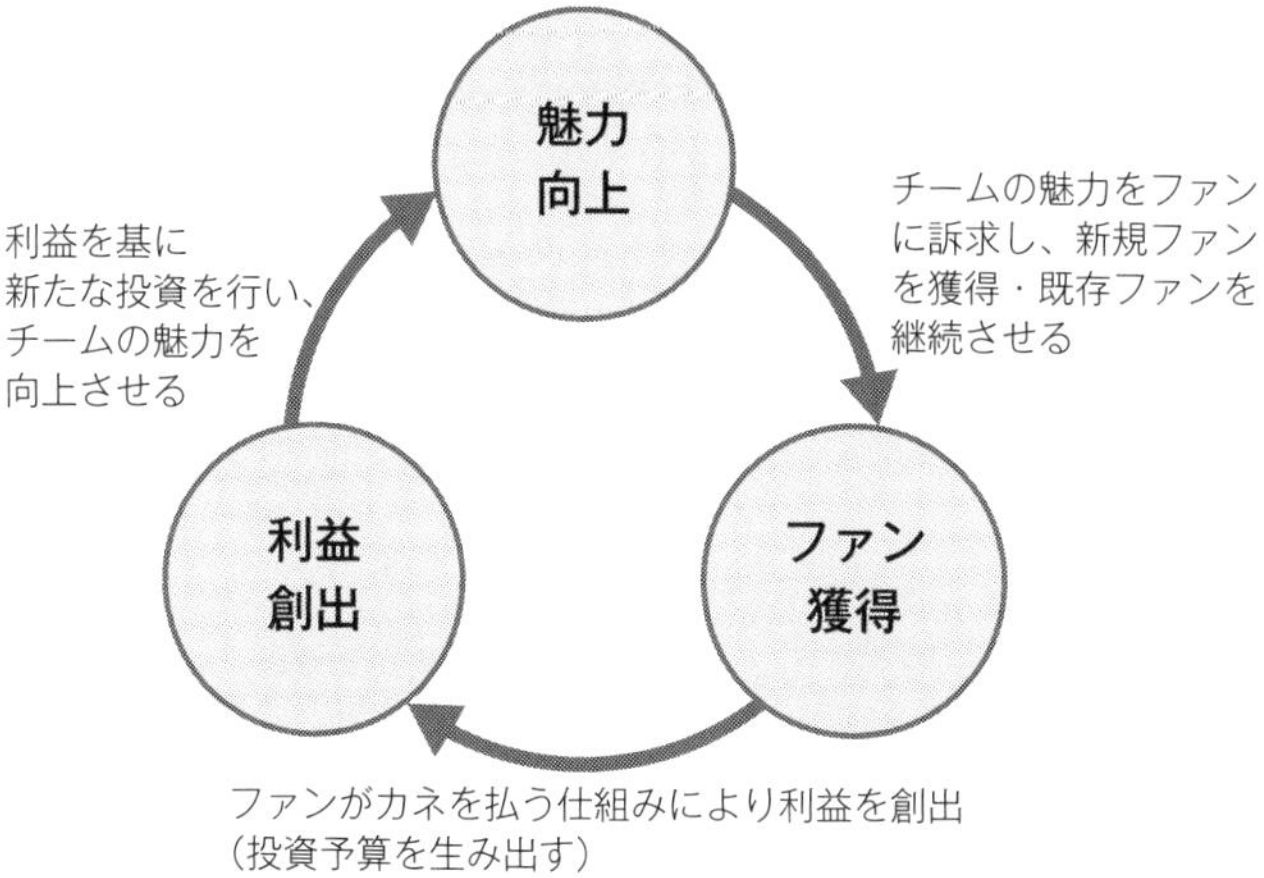

き課題を見つけ出すべきである。

強化費をかけて追求する「強さ」とは、ファンを獲得するための「魅力」の一つの要素でしかない。「強さ」以外にも魅力の要素はいくつもあるのだ。例えば、特定のスター選手の存在が最大の魅力になっていることもあるだろうし、チームの強さと必ずしも連動していないチームの歴史が魅力になっているケースもあるだろう。また、ホームスタジアムやアリーナの優れた設備やホスピタリティ（おもてなし）もファンを惹きつける要素となる。試合中に多くのファンと一体となることによる高揚感もスポーツならではの大きな魅力だ。会場までの行き帰りの時間や、満員の会場の盛り上がった雰囲気もファンを楽しませるものとなる。そして、チームとファンによって形成されるコミュニティが生み出す、「これが私のチームだ」という〝身内感覚〟は独自のアイデンティティにつながり、時にある種の特別感をも創出する。

このように新たなファンを獲得するための「魅力」には様々なチャンネルがある。どんなチームであっても「強さ」以外の魅力を高めてファンにアピールしていく余地はあるはずだ。そのためにも「マーケティング」の視点を持つことは不可欠だといえる。

欧米と大差をつけられた日本のスポーツビジネス

では、日本のプロスポーツを代表するJリーグやプロ野球といったコンテンツホルダーが、ファンをつかむためのマーケティング視点をしっかりと持って活動してきたかといえば、残念ながらそれは首肯できない。「Jリーグ」と先ほど言及したマンチェスター・ユナイテッドが所属する英国の「プレミアリーグ」とでは、大きな差がついてしまっている。

振り返れば、Jリーグが創設されたのは1993年。英国のプレミアリーグが現在の姿に再編されたのが1992年。実は両リーグはほぼ同時期に発足しているのである。そして、1996年当時の市場規模はJリーグが481億円、プレミアリーグが480億円とほとんど変わらず、むしろJリーグの方が僅かに大きかったとまで試算されていた（Deloitte: Annual Review of Football Finance）。

だが、それから20年以上を経た現在、Jリーグとプレミアリーグとでは雲泥の差がついた。2012年時点で既に約4.5倍もの差をつけられている。これはサッカーに限った話ではない。プロ野球に関しても1995年当時は米国のメジャーリーグと市場規模に大きな差はなかったのだが、メジャーリーグは現在までの間に市場規模を5倍以上に拡大した一方、日本のプロ野球はほぼ横ばいである。2018年のメジャーリーグの総収入は103億ドル（約1兆1500億円）だが、日本のプロ野球は2015年の12球団の売上高合計で約1560億円程度と大きく差が開いている。

もちろん、もともとヨーロッパではサッカー、アメリカでは野球がそれぞれ国民的スポーツの一つとして根強い人気があり、しっかりと地域に根ざした活動を行ってきたという素地の違いもあるだろう。しかし、やはりコンテンツホルダー自身が、スポーツを「エンターテインメントビジネス」として捉え、ファンを最大限に楽しませるために積極的なマーケティング活動をしてきたか否かという点が、ここまで大きな差を生んでしまったと私は推測している。

マーケティングと新たなスポンサーシップ

スポーツ界にはスポンサーになって支援してくれる企業がいる。スポンサー企業はチーム強化やマーケティング強化の資金供給において重要な役割を果たすが、ここにも課題がある。

現状、日本のコンテンツホルダーの中核にいる人たちの中には、一般企業のようなマーケティング担当の専門家は少ない。「勝つ」ことに力を入れているため、マーケティング人材を内部で育成する環境もなければ、マーケティング分野の見識を持つ優秀な人材を外部から雇うことも少ない。結局、コンテンツホルダーもスポンサー企業も、スポンサー費用をマーケティング費ではなく、広告宣伝費の一つとしか考えていなかったのではないかと思う。そして現場は現場で「戦力強化」に注力してきたことが、スポーツにおけるマーケティング力の停滞につながり、エンターテインメントビジネスへと脱却できなかった要因だろう。

もちろん、そうした動きに変化も出てきている。例えば、プロ野球の東北楽天ゴールデンイーグルスや横浜DeNAベイスターズは、親会社のマーケティング力を活用し、積極的にスポーツのビジネス化を推進している。

一方、スポンサー企業側はどうだろうか。スポンサー企業のほとんどは従来、「認知度を高めるためにスポーツを活用したい」くらいの意識しか持ってこなかった。マス広告が中心で認知度を獲得する手段が限定されていた30〜40年前であればそれも理にかなっていたかもしれない。有名なサッカーチームの「胸スポンサー」をすれば会社名がテレビに映り認知度向上が期待できた。

現在もその効果が有効な企業もあるだろう。しかし、デジタル広告が浸透していく中で、ユニフォームや看板に企業名や商品名を露出させる効果はわかりにくいし、対価として支払う費用も安くはない。本当に売上や認知度の向上につながっているのかという疑問が湧いてくる。

このため、近年、「スポンサーシップとは具体的にどうあるべきか」「スポンサーとしての権利をもっと活用すべきではないか」「投資効果を最大化したい」――といった議論が深まっている。従来のスポンサーシップは企業名や商品名の露出による単なる広告宣伝活動が主流であったが、その領域を超えて、「スポーツコンテンツを使って経営課題を解決する」「スポーツを活用して既存事業の強化や新規事業を創出する」というように、より具体的な効果が見える方向へと舵を切る企業も増えている。

そもそも社会変化の激しい現代においては、企業を取り巻く環境も急速に変動し、企業の「競争優位」も革新的技術の創出や従来技術のコモディティ化によって長期的に続かないものになっている。

あらゆる企業は絶え間なく経営の抜本的な見直しや新規事業の開拓に取り組み、企業価値を高めなくては「ジリ貧」となってしまう時代になったのである。そんな状況から脱却するためにスポーツを活用したいという企業に最初に必要なことは、まず「スポンサーとなることで、企業が何を達成したいのか」という目的を明確にする作業である。目的を明確にしたうえで「企業が自社の課題解決にスポーツを活用する」ための実効的なストーリーを描くのである。

スポンサーシップの権利を活用することを「アクティベーション」と呼ぶが、このように「自社の問題解決にスポーツを活用する」ことは最も有効な「アクティベーション」の一つである。

なお、アクティベーションを行う際には、チームが保有するコンテンツを活用することとなる。例えば、支援するチームの全選手のあらゆるデータを入手できたらどうだろうか。選手の「趣味」から「好きな食べ物」「ライフスタイル」といった要素まで、一見スポーツとは関係ないことまで可能な限りのデータを集めてみる。細部まであらゆる「チームコンテンツ」を把握することにより、これまでにない新しいコラボレーションが生まれる可能性がある。

シンプルな例を挙げれば、仮に「から揚げが大好物」というスター選手がチームにいたとすれば、から揚げを販売する食品メーカーにとってはプロモーションに活用できるだろう。もちろん、「から揚げ」でなくても「米」でもいいし「パン」でもいい。スポーツと企業の組み合わせの可能性は、コンテンツを詳細に把握することによって大きく広がっていく。

また、企業側には「新商品を売りたい」といった課題の他にも、「良い人材を採用したい」「地域からの社会的信頼を得たい」「顧客のマインドを把握したい」など多様な課題がある。そうした課題をスポーツによって解決するために、コンテンツホルダーの持つあらゆるコンテンツを活用することが必要だ。これが、企業名や商品名を掲出して消費者に認知してもらうだけの従来型のスポンサーシップではなく、そこから一歩踏み込んだ、パートナーシップ型のソリューションビジネスだといえる。

今もそうであるが、スポンサー営業における企業名や商品名掲出の売り方はパターン化されている。チームであれば、ユニフォームの胸の部分ならいくら、スタジアムの最上部の看板だといくらと料金を決めてあり、その料金を払ってもらってスポンサー企業の企業名・商品名の掲出をしたり、試合の無料観戦チケットを渡したりするシンプルな商売である。

しかし今後は、企業の課題ごとに、スポンサーシップにおけるコンテンツ活用の手法は多様化していくはずだ。それぞれ目的に合った独自のスキーム（枠組みをともなった計画）を考えて、多くの消費者に訴求するための共感できる「ストーリー」を紡いでいく。そのスキームを考えることこそが、アクティベーションのキモだ。今後、企業が事業課題の解決を目的として、アクティベーションしていく事例は確実に増えていくだろう。

企業側もスポーツというコンテンツをビジネスに活かすことに熱心ではあるが、それをどのように活用すべきなのかは、やはり十分にはわかっていない。コンテンツホルダー側から、自分たちの持っているコンテンツを企業の問題解決に活用する手法を提案することなどはほぼ皆無であろう。あらゆる企業にスポーツコンテンツ活用の可能性はある。特にこれから事業を大きく発展させようというベンチャー企業などには、知名度アップと合わせて大きな効果が期待できるはずである。

【考察】チームと企業の双方の視点から考える「戦略的スポンサーシップ」

そもそも読者の皆さんは、「スポンサーシップ」という言葉にどのようなイメージを持つだろうか。選手のユニフォームやスタジアムに掲示されたロゴ、企業名の入ったリーグタイトル、さらには「日本代表を応援しています」というテレビＣＭ――。

人それぞれに思い浮かぶものは異なるだろう。

しかしビジネスパーソンならば、誰もが一度はこんなことを考えたことがあるのではないか？

「スポンサーシップに、一体どのようなビジネス価値があるのか」――。

ここでは、スポンサーシップの価値や、スポンサーシップを結ぶ意味について、スポンサーを受ける側の「スポーツチーム」および支援する側の「スポンサー企業」の両面から、スポンサーシップの位置づけや問題点などについて考察していきたい。

　ちなみに、スポンサーシップに関わる要素を、その対象の観点から挙げると、主要なものには「大会」「リーグ」「チーム」「選手」の４つがあるが、ここでは、連続的に行われ、かつ実施企業数が最も多い「チームスポンサーシップ」にフォーカスする。ただし、基本的な考え方は、４つの中のどのスポンサー形態においても、大きくは変わらない。このため、主語を「大会」や「リーグ」「選手」などと、それぞれ読み替えれば参考にしていただけると考えている。

　また、チーム買収を含む、チームの株式（経営権）まで取得する出資は、スポンサーシップの概念とは一線を画すため、ここでは扱わない。

■スポンサーの種類

		スポンサー種別	概要	期間	企業数
	1	大会スポンサー	✓ 国際大会などの注目度の高い大会を支援する	一時的	多
	2	リーグスポンサー	✓ 特定競技における、リーグ全体を支援する	継続的	少
ここでのテーマ	3	チームスポンサー	✓ 特定競技における、特定チームを支援する	継続的	多
	4	選手個人へのスポンサー	✓ 特定選手個人を支援する	継続的	少

チームにとってのスポンサーシップの意味

プロチームの主な収益源は、「入場料収入」「リーグからの配分金」「スポンサー収入」の3つである。

サッカーのJリーグではこれら3つの収益源が全体収益の76%を占め、バスケットボールのBリーグでは同比率が80%となっている（2017年）。また、両リーグにおいてスポンサー収入は、全体収益の約半分を占めている。

3つの収益源それぞれの、今後の「成長性」は以下のようになる。

【入場料収入】

「試合数×座席数」という制限があり、大きな成長は見込めない。

【リーグからの配分金】

成長性がないとは言い難いが、勝敗に基づくアンコントローラブルな収益であり、成長を期待すべきではない。

【スポンサー収入】
理論的には青天井であり、成長に制限がない。また、チームの努力次第で増加させることができる。

チームにとってのスポンサーシップとは、「今後の事業成長の柱」そのものであり、今後ますます力を入れて取り組むべき領域であることは間違いない。

企業にとってのスポンサーシップの意味

現在の企業は、競争優位が継続しないビジネス環境に身を委ねている。かつては、一度競争優位を手に入れられれば、その優位性は長く続いて一時代を築けたが、今は環境変化が速く、激しく、手に入れた優位性がすぐに失われる。企業は矢継ぎ早に有望市場、事業を探し続けなければならなくなっている。

その中で、スポーツ界に強力な追い風が吹いている。2015年にスポーツ庁が発足し、2016年には、スポーツビジネスの市場規模を5.5兆円から、2025年までに15・2兆円にする計画を発表。また、東京オリンピック・パラリンピックを中心として、日本において主要な国際大会が続いていく。

この追い風を、自社のビジネスに取り込めないかと、ここ数年でスポーツ事業を強化・開始する企業が増えている。スポーツ事業強化の流れへの乗り方の一つとして、チームスポンサーになることを検討する企業が着実に増えている。

スポンサー収入の現状

スポンサー収入を事業成長の柱と位置づけるべきチームと、スポーツへの関心を高める企業は相思相愛の関係であるにもかか

■Jリーグチームのスポンサー収入推移（チーム平均）

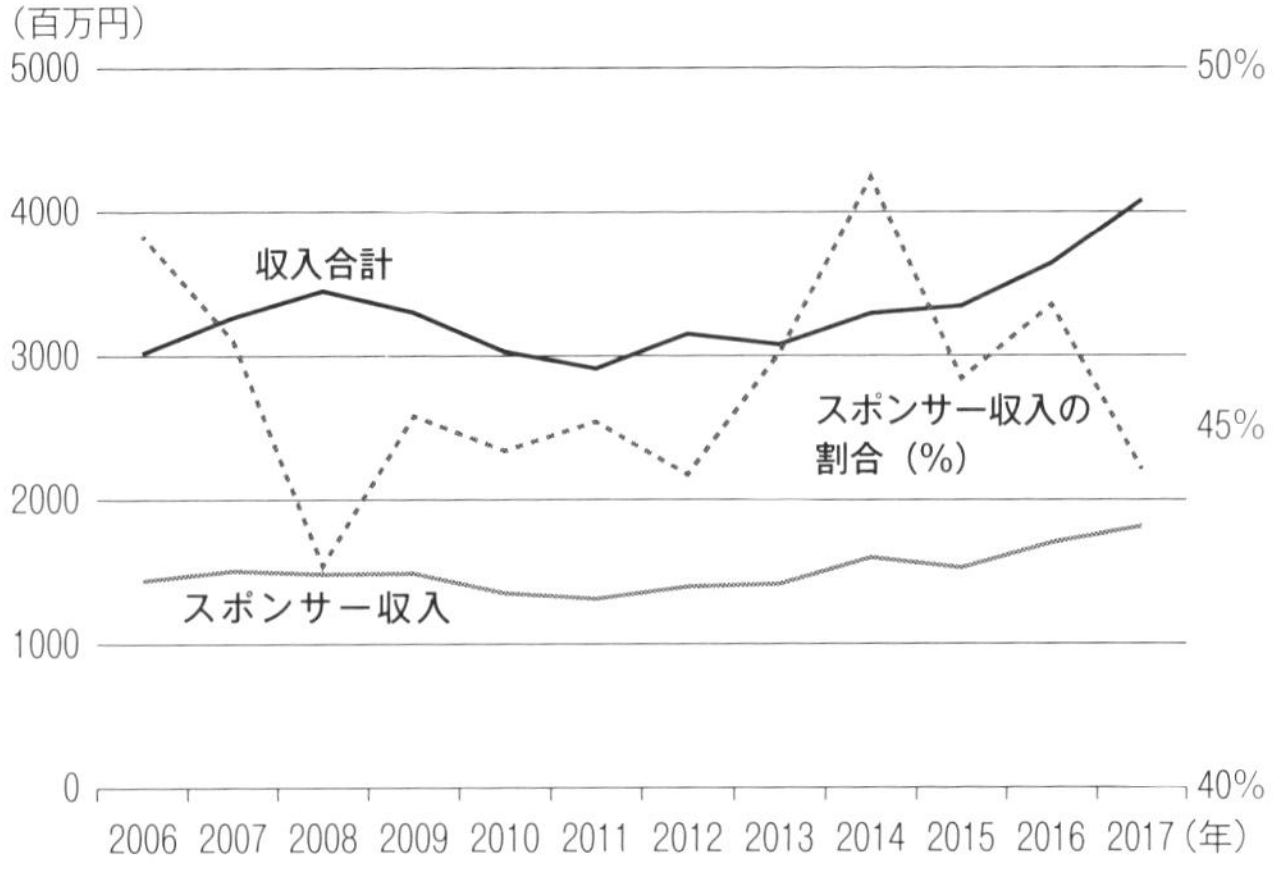

（「J1クラブ決算一覧」を基に作成）

わらず、両者の結びつきが順調に伸びているとは言い難い。

Jリーグチームの収入推移を見ると、収入の増加に比べてスポンサー収入はあまり増えず、収入全体に対するスポンサー収入の割合に伸びが見られない。

我々がスポンサーシップ事業に着目する理由がここにある。

スポンサー収入はなぜ伸びないのか。その問題と解決方法を、スポンサーからの支援を受けるチーム視点と、支援する側の企業視点でそれぞれ説明したい。そこに必要な考え方こそが我々が考える「戦略的スポンサーシップ」である。

スポンサーシップを整理する

スポンサーシップにおける問題と解決方法を検討するうえで、我々が考えるスポンサーシップの整理を行いたい。まず、スポンサーシップは「パトロンモデル」と「ビジネスアライアンスモデル」という、2つの異なるモデルに分けられると考えている。


【パトロンモデル】

チームが観客や視聴者に熱狂・感動・夢を提供することを、後方で支援するスポンサーシップ。かつての芸術、科学、スポーツなどが一部のパトロンに支えられ発展を成し遂げてきたように、対象チームひいては対象スポーツの発展を力強く支える。スポンサーシップ企業がこれにより得られる対価は、「尊敬」「誇り」「愛着」といった情緒的なものであり、最終的には「人望ある名士」としての名声を手に入れる。

これらの効果の発現は、長期的な観点で考えられることが多く、企業のブランド価値の向上をもたらし、間接的に企業間取引、消費者への販売、人材採用などといった様々な場面で好影響をもたらす。

【実例①】

大阪の堺市を本拠地とするシャープ株式会社は、2016年3月期に多額の赤字を計上し、台湾の鴻海精密工業の傘下に入った。その後、鮮やかな復活を遂げた同社は、2018年、同じく堺市（および大阪市）をホームタウンとするセレッソ大阪のスポンサーに就任。そして、翌2019年シーズンのユニフォーム袖には、「SHARP」の文字が入る。

地元の人々は、新聞記事や経営指標ではなく、この袖のロゴを見て、「地元の名士復活」を肌で感じ、再びシャープに愛着や誇りを持つ。そして、これが長期的・間接的に、同社のビジネス全体、人材採用などの一助になると考えられる。

【実例②】

世界70カ国以上で200以上のエンターテインメント施設を展開する「ハードロック・インターナショナル」の日本法人ハードロック・ジャパンが、2018年に北海道コンサドーレ札幌のスポンサーに就任した。同社はプロスポーツチームのトップパートナーになるのは初めてである。その理由については、日本の現代の文化を尊重し、同時に同社グループが将来的に日本に提供できる音楽、スポーツ、ホスピタリティ、エンターテインメントへのビジョンを示すためであると説明している。実際、同社が展開するハードロックカフェは2019年1月の現時点では道内に一店舗もなく、長期視点・間接効果としてのスポンサーではないかと考えられる。

[ビジネスアライアンスモデル]

支援の対価として、直接的なビジネス効果を求めるスポンサーシップ。直接的なビジネス効果とは、例えば、商品開発、商品プロモーション・販促強化、企業間ネットワークの構築などを指す。パトロンモデルと異なり、対価・効果が直接的で、短期的に実現できることが重要となる。

【実例】

駐車場予約アプリを展開する「akippa（アキッパ）」は、認知度向上を目的にセレッソ大阪主催のイベントに出展。セレッソ大阪にはスタジアム周辺の駐車場を十分に提供できていないという課題があり、一方のakippaはまだ認知度が低くユーザーが増えないという課題があった。両者が提携することにより、akippaはセレッソ大阪のファンに認知してもらうことでユーザー獲得を促進。セレッソはakippaのサービスによりスタジアム近くの駐

■スポンサーシップの4分類

支援・投資額の多寡	スポンサーシップモデル：パトロンモデル	スポンサーシップモデル：ビジネスアライアンスモデル
高額	❶ 高額・パトロンモデル 売上の大きい企業が、**チームや地域に貢献することを主目的として**、長期的・間接的な効果を得るモデル	❸ 高額・ビジネスアライアンスモデル 売上の大きい企業が、**チームの強みを自社事業に活用することを主目的として**、より短期的・直接的な効果を得るモデル
少額	❷ 少額・パトロンモデル 売上の大きくない企業が、**チームや地域に貢献することを主目的として**、長期的・間接的な効果を得るモデル	❹ 少額・ビジネスアライアンスモデル 売上の大きくない企業が、**チームの強みを自社事業に活用することを主目的として**、より短期的・直接的な効果を得るモデル

車場不足問題に対応できることとなり、双方の事業課題の解決に貢献する取り組みになったものと考えられる。

「パトロンモデル」「ビジネスアライアンスモデル」という、これらの2つのモデルは、一方が良く、一方が悪いという関係ではない。それぞれが異なる目的を持つ別のモデルとなっている。

このモデル分類に、さらに金額の多寡という視点を加えることで、スポンサーシップは四象限（右ページ下の図表参照）に分類でき、それを基にスポンサーシップについての考察を深めることができる。

スポンサーシップの問題点（チーム視点）

現状のチームスポンサーシップのほとんどが先ほどの図の分類の「①高額・パトロンモデル」に偏っている傾向がみられる。

チームは「①高額・パトロンモデル」偏重型を志向している限り、スポンサーシップを拡大することはできず、また、いつスポンサーが減少するかわからない不安定な状況が続いていく。

[チームにとっての高額・パトロンモデル偏重型の特色]

・パトロンモデル対象の要件（一定の企業規模であることと、チーム／地域を応援する度合いが高い）を満たす企業数がごくわずかであるため、拡大しにくい。

・高額・パトロンモデルは、スポンサー企業にとって効果が間接的、かつスポンサー料が高額であるため、業績が傾いたり、トップが代わるなどの変化が起こると、突発的にチームのスポンサーから降りてしまうリスクがある。これにより、チームのスポンサー収入が不安定になる。

戦略的スポンサーシップ（チーム視点）

チームと企業の双方に、チームスポンサーシップを戦略的に実施することを勧めたい。チームにとっての戦略的スポンサーシップとは、四象限のスポンサーシップをバランスよく集めることだ。

「①高額・パトロンモデル」を獲得するだけではなく、「②少額・パトロンモデル」「③④

高額／少額・ビジネスアライアンスモデル」のスポンサーシップを獲得する。

【「②少額・パトロンモデル」の獲得方法】

少額のパトロンモデルを行いたい企業は少なくない。多くの企業が、支援額に折り合いさえつけば、スポンサーシップを行い、チームや地域を応援し、また長期的な観点では、自社の継続的発展につなげたいと考えている。

もちろん、チームとしても、こうした企業の存在は認識している。ただし、彼らには少額のスポンサーシップを集めて回る肝心のリソースがない。リソースが限られているから、効率性を優先し、「①高額・パトロンモデル」のみを集めにいく。だからこそ、この少額モデルはいつまでたっても増えることはない。

この少額・パトロンモデルを獲得するには、ウェブサイトでグッズを購入するくらいの感覚で、労力をかけずにスポンサー権利を取引できる仕組みをつくることが望ましい。

【「③④高額／少額・ビジネスアライアンスモデル」の獲得方法】

ビジネスアライアンスのスポンサーシップを獲得するには、まずチーム側が、チームの持つビジネス価値を認識すべきである。その認識がないと、このモデルの獲得営業は始められない。

チームが提供可能な主なビジネス価値には、例えば左ページ上の表のような内容がある。これを認識したうえで、チームの営業担当者は、左ページ下の表のステップで営業を進める。

現在のスポーツチームの営業はおそらく、パトロンモデルの営業に終始しているのではないだろうか。パトロンモデルの営業ならば、仮説構築せずにアポが取れる。ターゲットも大企業か地元の名士などに限られ、アポを取ってチームの理念・思想・夢を語ることが営業の中心となる。一方、ビジネスアライアンスモデルの営業には、真のソリューション型営業が求められる。難度は高いが、ここに取り組まずにチーム収益の増加は見込めない。

スポンサーシップの問題点（スポンサー企業視点）

チームを支援する企業視点でのスポンサーシップの問題点。それは、自分たちの目的やゴールを叶えてくれる相手を選んでいるか？（方向性として、前述のパトロンモデルなのか、

■チームが提供可能な「ビジネス価値」の例

	カテゴリ	チームが提供可能なビジネス価値
1	R&Dバリュー	✓ データや場所活用による実証実験機会の提供 ［例］ウェアラブル端末を持つメーカーと共創し、選手に装着してもらいデータを提供、商品開発に活用 ✓ チームが持つノウハウの提供 ［例］チームのトレーニングプログラムをフィットネスジム等に提供
2	マーケティングバリュー	✓ スポーツのメディア露出力を活用したブランディング ［例］チームとスポンサー共同による復興支援活動を実施し、メディアに露出 ✓ 人気選手を活用したプロモーションプラン ［例］から揚げ好きの選手を活用、SNSを通じた、から揚げのプロモーション ✓ スポーツ観戦体験に溶け込ませた新たな体験の提供 ［例］スタジアム周辺を回遊する自動運転車（つくったノウハウは横展開可能）
3	マーケティングバリュー	✓ 試合来場者に対するテストマーケティング機会・プランの提供 ［例］試合中のハーフタイムを利用した、新商品のプロモーションイベント開催
4	セールスバリュー	✓ チームチャネル（チケットやグッズ販売）を活用した共同セールスプラン［例］観戦チケットとスポンサー商品をバンドルして販売
5	セールスバリュー	✓ 接待用VIPスポンサーシート等の提供 ［例］プレミアムマッチの観戦＆選手との触れ合いイベントパッケージを提供
6	ネットワークバリュー	✓ チームが持つネットワークを活用したビジネスマッチング ［例］スポンサーや出資企業を集めたビジネスマッチングイベント開催

■ビジネスアライアンスモデル営業の流れ

	営業の流れ	概要
誰に行くかを検討	❶ターゲティング	✓ チームの強みを踏まえて、スポンサーとなりうる企業を地場だけでなく、非地場・外資企業などまで幅広く洗い出す
誰に行くかを検討	❷営業先の優先度づけ	✓ チームの狙いやリソースを鑑みて、優先的に対応する営業先を決定
誰に行くかを検討	❸初期仮説の検討	✓ 優先的に対応する営業先の企業概要（ビジョン、事業概要から社長の思いなどまで）を調査し、その結果を基に課題仮説・提案方向性を検討
誰に行くかを検討	❹テレアポ	✓ 初期仮説を持ったうえでアポ取り
何を提供するかを検討	❺営業先の詳細分析	✓ アポが取れた営業先について、業界動向・営業先の内部分析（中計、財務諸表など）・競合分析などを実施
何を提供するかを検討	❻仮説の深掘り・カスタマイズド提案の作成	✓ 検討した初期仮説を、前段での分析結果を受けて深掘り 検討した仮説を基に、営業先ごとに提案内容をカスタマイズ
何を提供するかを検討	❼提案⟲討議	✓ 課題仮説を持ったうえで提案し、営業先の課題・ニーズをヒアリング 提案・討議を繰り返すことで、提案内容をブラッシュアップ 施策の実施効果は、必要に応じて定量的に可視化

ビジネスアライアンスモデルなのか、など）　また、そのための取り組みをチームと共有し、共創する仕組みがあるか？　という点である。
　これを怠ってしまうと、そもそも相性が良くない相手と組んでしまったり、本来、成し遂げたかった効果が得られなかったりする可能性がある。また、目的やゴールが曖昧であるがゆえに、パトロンモデルであるのに直接的・短期的な効果を重要視したり、ビジネスアライアンスモデルであるのに長期的なブランド力向上を望んだりと、スポンサーシップの評価軸もぶれてしまい、社内でも不毛な議論を呼び起こす可能性がある。

　スポンサー企業にとって、より効果的なスポンサーシップを築くための戦略的スポンサーシップとは何か。それは、自分たちが成し遂げたい目的・ゴールを起点にして、以下3つのステップを踏んでスポンサーになることだ。

ステップ1「スポンサーシップの方向性を定める」
　最初に、志向するスポンサーシップのモデルを定める。この設定が最も重要である。端的にいえば、「『企業の継続性』『ブランド力の向上』などの長期的な課題を持つ企業」はパトロンモデル、「『既存のビジネスの拡大』などの短期的な課題を持つ企業」はビジネスアライアンスモデルがふさわしい。もちろん中間的な考えも否定はしない。重要なのは目的を明確にすることだ。さらに金額について、スポンサーシップには数百万円から数億円までの幅があるが、スモールスタートから徐々に拡大していくことも可能なので、自社の予算と得たい効果から支援額を判断すればよい。

ステップ2「支援対象チームを決める」

次に、そのモデルの実践にあたって、どの競技・どのチームが良いかを分析する。主な分析論点は以下となる。

【論点1】：チームの思想　どのような思想・ビジョンでチームを運営しているのか（例：グローバルに羽ばたく人材の育成など）

【論点2】：チームが持つアセット　どういったアセットを持つ

■スポンサーシップ検討の3つのステップ

1. スポンサーシップの方向性を定める	2. 支援対象チームを決める	3. チームと共に実施内容を詳細に決める
1-1. パトロンモデルが良いか、ビジネスアライアンスモデルが良いか 1-2. 支援額はどれくらいが妥当か	2-1. どの競技・どのチームが良いのか	3-1. 具体的な内容をどうするのか

ているのか〈スタジアム、チーム構成〈女子、ユース含む〉、スクール、選手、ファン、観客、SNSのフォロワーなど〉

【論点3】：ネットワークとチーム運営体制（チームを通じて、コンタクト可能な企業〈スポンサー企業など〉はどこか、チームスタッフ〈営業・企画〉の体制・質など）

この3つを詳細に分析し、自社の目的とゴールから逆算して、支援対象競技・チームを決めるべきだ。知っている競技やチームだけで考え、声をかけられたチームや、近くに存在するチームだからという理由で安直に支援先を選ぶことは、お互いに不幸なスポンサーシップになりかねない。

ステップ3「チームと共に実施内容を詳細に決める」

スポンサーシップは、企業の目的・ゴールに沿って、提供されるサービスもオリジナリティにあふれたカスタマイズをすべきである。チームと一緒に、企業の目的・ゴールが達成される内容は何か、などについて真剣に考え続ける必要がある。それが継続的かつ効果的なスポンサーシップにつながっていく。「手離れ良く」やることは決して勧めない。

最後に――スポンサーシップがスポーツビジネスを発展させる――

チームと企業それぞれがこの戦略的スポンサーシップを進めることで、ベストマッチが増え、スポンサーシップはより効果的になり、また拡大する可能性があると考えている。

しかし、そのためには、スポーツチームと企業の双方で、共創の視点が必要だ。スポンサーシップに限らず、スポーツビジネスの市場規模を拡大する挑戦は、チーム・企業それぞれの「思い」だけでは実現できない。

チームは成長の柱として、スポンサーシップ事業を抜本的に見直すべきだ。一方、企業は、新たな競争優位の構築にスポーツを活用したいと考えるならば、戦略的なスポンサーシップの開始を一考してほしい。

今後、戦略的スポンサーシップを通じた、スポーツチームと企業の共創が劇的に拡大することを期待したい。

アスリート本人が営業活動の場へ出向け

私はコンテンツホルダー側へのアドバイスの一つとして、「選手をスポンサー営業に活用しよう」と提案している。通常、スポンサー営業に出向くときは営業担当の社員だけというケースが多いが、こういう場面で選手を活用しない手はない。

スポンサー営業をするとき、相手がカネを出してくれるかどうかは、もちろん企業の課題解決の観点も重要となるが、エモーション（感情）によるところも大きい。スポンサー営業の場で、実際に活躍している現役のアスリートが「チームは今こういう状況で、皆さんと連携して一緒にやっていきたい。ぜひ支援をお願いします」と真剣に訴えれば、訴求効果は非常に大きい。

もちろん、そのようにエモーショナルに訴えるのと同時に「投資対効果」の視点も欠かさずに「いかに結果に結びつけるか」というロジックもしっかり準備していく。この「エモーションでつかんで、ロジックで落としていく」という企画提案をすることが、コンテンツホルダー側のスポンサー獲得における有効な方法と考えている。

ちなみに我々は、米国モータースポーツの最高峰「インディ５００」で日本人初の優勝を達成した佐藤琢磨選手を2017年4月よりスポンサードしているが、佐藤琢磨選手は必ず自ら足を運び、我々とのコラボレーションの可能性などについて話をする。佐藤琢磨選手は優れたアスリートであるだけではなく、スマートにビジネスの話ができるビジネスマンでもある。実際に活躍しているアスリートが自らの口でその企業の将来に対する貢献を語るというのは、とても共感を得やすいといえる。

すべてのスポーツ選手にそのようなプレゼンテーション力やコミュニケーション力を持てというのは厳しいかもしれないが、選手自身がスポンサーにプレゼンするというスタイルも今後は求められるのではないか。

アスリートも自分の強みを把握して、どのような企業とパートナーとなるべきかを戦略的に考えた方がスポンサー契約の可能性は高まるし、アスリートの「ビジネスパーソン」としての能力も高まっていく。そうなれば選手個人やチームに対する投資はさらに進んでいくはずだ。コンテンツホルダーもスポンサー企業もそうした選手の「パーソナリティ」という資源までフル活用していくことが必要である。

スタジアム・アリーナが抱える課題

少し話題を変えたい。日本では現在50カ所以上のスタジアム・アリーナの建設・建て替え構想が存在しているが、スタジアム・アリーナの活用という点についても、多くの課題がある。スタジアム・アリーナは一つ建設するのに数百億円というカネがかかる大規模事業だ。スタジアム・アリーナの建設は基本的に、最初に場所が決まり、建物が決まり、それから運営を考えるという流れになっている。多くの場合、その中心となるのは土地を所有し、建設費用を担う自治体だ。

本来、スタジアム・アリーナの建設にあたっては、利便性を考慮して場所を決定し、その場所から想定できる客層や地域のニーズを踏まえてどんな用途に使うことで集客ができるかを考え、そのために必要な設備や建物の構造を考える――という、オープン後の運営を見据えた議論を最初からしておくべきである。それはビジネスとして当然のことである。

しかし、現状では地方の有力者で固められた「有識者委員会的なもの」を立ち上げて、その政治的な思惑を実現していくのが典型的なパターンになっているように思える。これでは失敗は最初から目に見えているといわざるを得ない。

スタジアム・アリーナそのものは365日稼働できるが、サッカーであれば年間20日程度、バスケットボールであれば30~40日程度しか試合はない。つまり、スタジアム・アリーナはスポーツだけでは黒字になり得ない。そこで残りの300日以上をどう稼働させるのかという問題が重要になってくる。また、仮に単体で赤字だとしても、周辺の人たちが集まるシンボル的な役割を果たす仕掛けは必要だろう。こうした点をしっかり検討しないと、スタジアム・アリーナは赤字を垂れ流し続けるだけの自治体の「お荷物」になる。事前にそのようなことをまったく検討せずにハコだけを設計して建築してしまい、後の運営は民間に投げっぱなし――となってはまさにナンセンスというしかない。

民間企業の発想であれば、カネを稼ぐためにスタジアムやアリーナを運営するのは当然のことだ。例えば、試合のない期間は音楽イベントなどエンターテインメントビジネスを中心に稼働させることが合理的であると判断すれば、流行やニーズを考慮しながら企画を立ててアーティストの招致などを行うことになる。そのためには会場となるスタジアム・アリーナが音楽イベントの開催に最適な建物になっていて、しっかりとした音響設備があることが必要である。また、アーティストが会場に入る動線についても考慮すべきだろう。

そうした構造的な問題は建設してしまった後からではどうにもならないことが多い。つまり、初期の構想段階から街づくりのプロである民間の不動産開発事業者やエンターテインメントビジネスの事業者と密接にコミュニケーションをとり、その意見を取り込みながら構想を策定しなくてはならないはずなのだ。

イギリス、ドイツ、スペインなどのヨーロッパのサッカーリーグでは、スタジアムの新設・改修や、周辺インフラへのしっかりとした投資により、観客動員数を拡大して順調な運営を続けている。例えば、FCバルセロナの本拠地カンプ・ノウでは、大規模な改修計画が進んでいるが、試合日以外の各種イベントやメガストアなどで多くの訪客が見込まれ、改修プロジェクト終了後は、試合のある日よりも試合のない日の方が多くの収益を生むという試算をしている。

日本でも、さいたま新都心にある「さいたまスーパーアリーナ」は、各種イベントやエンターテインメントビジネスでの活用がうまくいっている。もちろん駅から徒歩数分という超好立地のアリーナであるが、マーケティング的な思考を持った企画が継続的に行われている結果といえる。スタジアム・アリーナはうまくいけば地方活性化にも貢献できる大きな可能性を秘めている。利害関係者の主張すべてに応えるのではなく、その地域で必要なことを推進する強力なリーダーシップのもと、戦略やマーケティング的課題に真剣に取り組んでいくべきである。

地域のアイデンティティとしてのスポーツチーム

現在はプロ野球、サッカーのJリーグ、バスケットボールのBリーグを含めれば、日本のほぼすべての都道府県に何かしらのスポーツのプロチームがある。プロスポーツはこれまでにも述べてきたように、エンターテインメントビジネスだ。スタジアムやアリーナに地元チームの試合を観戦する人が増えれば、その周辺にも好影響はおよぶ。最寄り駅から会場までの道程にある飲食店などと連携することで、街全体の売上アップを図り、混雑も解消させて、新たなビジネスを生むことも可能なはずだが、そうした連携もまだ十分にできていないケースがほとんどであろう。

会場までの動線や客層を考えていけば、経済的にプラスになるスタジアム・アリーナ周辺の街づくりの工夫は色々できるだろう。例えば、既に行われているが、周辺地域の店舗と連携してアプリを活用した「電子スタンプラリー」のような企画は簡単に実現できる。スタンプを集めてスタジアムでチームのグッズを景品としてもらえるような仕組みをつくることができれば、ファンに訴求する効果は高いはずだ。

欧州の各種スポーツのプロチームは完全に文化として地域に根づいており、その地元ファンによるコミュニティがしっかりと形成されているケースが多い。チームの練習場となっている競技場にもカフェやバーが併設され、スポーツが目的ではない人も含めて地元の人々の憩いの場として成り立っている。

そういった長い歴史を持ち、地域になくてはならない存在となっている欧州型クラブチームを念頭に、Jリーグも設立されたわけだが、もともと地域にチームが存在し、そこから自然発生的にコミュニティが形成されていった欧州型クラブチームと同じような発展を遂げるのはなかなか難しい。したがって、チーム関係者が地域の人々と密接なコミュニケーションを図り、長期的スパンで受け入れてもらうという地道な「奉仕」ともいうべき道をたどることが必要となる。

そういった取り組みを推進することによって子どもから大人まで誰もが、地域のチームに「私たちのチーム」というアイデンティティを持てるようになれば、スポーツはさらに地域に根づいたものになるだろうし、新たなスポンサーシップを地域で創り出してビジネスとしてカネを生むものにもなるはずだ。実際、日本でもチームによってはそうした機運が盛り上がりつつある。日本全国各地に数多くのスポーツチームがあるのは前述の通りで、それぞれが地域のチームとして地元の人々とのコミュニティを形成していくことができれば、地方の活性化にも貢献できる。

我々の事例であるが、地域の人々とのコミュニケーション活性化の施策としてプロフットサルチーム・名古屋オーシャンズのホームアリーナである武田テバオーシャンアリーナ（名古屋市港区）で、「マルシェ（マーケット）」を開催したことがある。名古屋オーシャンズを応援してくれるスポンサー企業、近隣の商業施設、地元の飲食店に出店してもらい、オーシャンズファンはもちろん、多くの一般地元客で賑わいをつくることができた。チームのホームアリーナを地元の人たちの交流の場として機能させるための取り組みであったが、こうした催しを何度も開いて地元の人たちに楽しんでもらうことで、「試合をみてもらう」というのとは別の方向からチームに対する「愛着」を少しずつ形成してもらうことができるだろう。

進化するメディアのスポーツ中継

スポーツビジネスのプレイヤーとして大きな存在感を持つマスメディアにも、大きな変化が訪れている。スポーツビジネスで大きな比重を占めている放映権ビジネスの主役が変わりつつある。かつては地上波のテレビ放映がスポーツ中継のメインだったが、プロ野球、Ｊリーグともに放送回数は年を追うごとに減少している。ＢＳ放送やＣＳ放送も契約者数はそれほど増えているわけではないのが現状だ。

現在はそんなこれまでのテレビ放映から「ダゾーン」「AbemaTV」といったＯＴＴへのシフトが進んでいる状況だ。地上波のテレビ放送でプロ野球やＪリーグの中継が減少の一途である中、大きな話題になったのは、ダゾーンがＪリーグの２０１７年から10年間の放映権を約２１００億円で獲得したという巨額の独占契約である。プロ野球についても各チームとの放映権交渉を進め、２０１８年のシーズンは巨人以外の11球団から放映権を獲得した。

スポーツ中継が、従来のテレビからネット配信へと移り、ファンの好きなタイミング、好きな場所で試合を視聴できるようになるのは「スポーツをみる人」の楽しみ方に根本的な変化をもたらすだろう。

ＯＴＴではテレビと違って、誰もが驚くようなスーパープレイや気になるシーンなどを好きなだけ繰り返しみたり、複数の試合を同時に観戦したりすることができるようになる。また、スマートフォンで視聴できるのでみる場所も選ばない。制約の多いテレビに比べて「見せ方」の工夫は、かなり自由になるはずだ。今のところはテレビと比べてさほど突出した違いは見られないが、今後はより多くの人々をスポーツの世界に引き込むための新たな見せ方を考えていく必要があるだろう。

また、ＯＴＴの台頭により、放映権料が原資となってスポーツ界にカネが回るようになることも、スポーツビジネス市場の拡大という点で大きな意味を持つ。スポーツ界・メディアが連携してファンをより楽しませ、さらなる新規ファンを獲得できるような「魅せ方」を追求していくことによって、日本のスポーツビジネスでカネを稼げる好循環が生まれていくはずだ。

また、ＯＴＴにシェアを奪われつつあるとはいっても、まだまだテレビの広告媒体としての重要さ、存在感は大きい。ファンを引きつけ、呼び込むための工夫が必要なのはテレビも変わらないし、むしろより真剣に取り組まなくてはならないだろう。

例えば、メジャーリーグでは、ボールや選手の動きを計測するトラックマンという機器を活用して「スタットキャスト」という仕組みを構築し、プレー映像にデータを重ね合わせたリプレーをテレビで放送している。日本でも、このような仕組みを導入し、テレビでのスポーツ放映をこれまでとは違った形に進化させることは可能なはずだ。技術的には日本でも十分にできる。問題は、リーグやチームといったコンテンツホルダーがそうした新しいスタイルがもたらす価値を重視し、積極的にメディアと連携することだろう。そうすれば、視聴者に感動を与える新たな価値提供をすることができる。

また、メディアとしてはSNSの活用がスポーツビジネスに果たす役割も大きい。多くの人々が容易に情報やコメントの発信源になることで、ファン同士のより広範で密なコミュニケーションが可能になり、そこで行われるやりとりは有力な「口コミ」情報としてマーケティングにも大きな影響をおよぼすことになる。

コンテンツホルダー側にとってもSNSの活用は今や必須といえる。例えば、スペインのプロサッカーリーグ、ラ・リーガの公式フェイスブックのアカウントでは、新旧スター選手のベストプレイなどの映像コンテンツを高頻度で配信しており、サッカーファンからみれば熱い記憶を呼び起こしてくれる演出となっている。ロナウジーニョやイニエスタの心に残る感動的なプレイや「FCバルセロナのベストゴール10」といった企画の配信は、私のようなサッカーファンにはたまらなく魅力を感じるコンテンツなのだ。

日本のプロ野球やJリーグでもそういった取り組みは行われ始めているが、それらは淡々としたスポーツニュースの延長線上といった感じで今一歩、味気ないというのが感想である。日本のリーグやチームも、多くの独自映像コンテンツを数多く保有しているはずで、ファンが求めているのは、そうしたコンテンツをうまく編集してエモーショナルにみせてくれることである。そのような動画はSNSで爆発的に共有されるだろう。

SNSに限らず、メディアは全般的にその特性として多くの人々のエモーショナルな部分を強く刺激することができる。技術革新や拡張が進んでいる現在、メディアは新たな技術も活用することによって、既存ファンのロイヤリティをより高め、新規ファンをも獲得する先進的施策を「発明」すべきである。

【コラム】スポーツイベントのカレンダー「スポカレ」

スポーツ中継がテレビだけでなく、OTTで放送されることになり、スポーツをみるチャネルの選択肢は昔より飛躍的に増えた。しかし一方で、「いつどの競技をどこで放送しているのか」がわからなくなった。新聞のテレビ欄を見れば概ねわかっていた時代はとっくに終わっている。そこで、「いつどの競技をどこで放送しているのか」という情報を一元化したサービスが登場している。株式会社スポカレ（荒木重雄・代表取締役）が提供する「スポカレ」というサービスである。

このサービスはウェブおよびアプリで無料提供されている。網羅している競技はメジャーな野球、サッカー、バスケのみならず、剣道、柔道、空手といった日本の武道、マイナースポーツを含めた46競技（2019年2月現在）。スポカレを利用すれば、それらの競技がいつどこで行われているかがわかる。また、スポカレからチケット購入サイトへ移動し、会場で「みる」ということにもつなげている。利用者は競技、チーム、選手のお気に入り登録もできるし、その日の注目試合もピックアップされる。スポカレはスポーツイベント情報のプラットフォームであり、スポーツをみたい人のニーズに応えたサービスである。

今後、当該サービスの利用者動向がわかれば、競技団体をはじめスポーツビジネス関係者にとって有益なデータとなるだろう。それが新たなスポーツビジネスにつながる可能性もあるし、スポーツメディアが生み出す新たな価値となっていくのではないだろうか。

最重要課題は人材育成

本章ではスポーツビジネスにまつわる主要課題について述べてきた。そのすべての課題に通底する問題点といえるのが、体質改善が必要なスポーツ界の組織構造と人材不足だ。

世界的にみれば、スポーツビジネスの世界には先進的な技術力を持った数多くの企業が異業種から進出するようになっている。その代表格が、ドイツ代表のワールドカップ優勝の影の立役者といわれるITソフトウェア企業SAPである。同企業は複数のスポーツチームと契約を結び、データ分析ツールなど同社ならではのテクノロジーを通して多様なソリューションを提供している。例えば、サッカー、ラグビー、バスケットボールなどの競技において活用できる「SAP Sports One」というソリューションである。このソリューションは、チーム運営に関するあらゆる情報を一元化、監督、コーチ、選手、スタッフがチームの状態をすぐに確認でき、試合に向けた分析作業などを効率的に行える仕組みを提供している。ドイツ国内では非常に多くのチームがこのソリューションを採用しており、欧米にも展開されているが、日本ではこのようなソリューションは普及していない。その理由は予算だけでなく、そうしたソリューションを活用できる人材の不足だと考えられる。

日本においても、野球やサッカーといったスポーツの現場を、新技術のショーケースとして企業に活用してもらうことで、スポーツビジネスの新たな可能性は限りなく広がっていくはずだ。しかし、そうしたマーケティング的な観点からスポーツをみることができる人材がスポーツ界にはやはり少ない。

現在、プロスポーツ業界の現場で頑張って中核となっている人たちが業界に入った当時は「スポーツビジネス」という言葉自体、ごく一部の人たちの認識だったと推測する。「ビジネスとしてスポーツ産業を発展させたい」と考えていた人は少数で、多くの人が「その競技が好きで、何か貢献したい」といった純粋な気持ちで業界に入ってきたのではないだろうか。このため、スポーツ界で働く古くからの関係者は、ビジネス化が求められている現在の急激な環境変化に対応するのに時間がかかるのだろう。

もちろん、スポーツにおいても「マーケティング力」などのビジネススキルの重要性がこれまで以上に増していることを認識している人はいる。しかし、その必要なスキルを持った人間が内部にほとんど存在しないことが問題であり、またそうした人材を外部から雇用する（＝投資する）こともない。スポーツに対する愛は深くとも、「スポーツビジネスのプロフェッショナル」という人材がまだまだ日本のスポーツ界には足りない。マーケティングに限らず、データ分析やエンジニアリングなど、これまでスポーツ界でほとんど重視されてこなかった専門性を持つ人物が必要なのだ。

改めていうまでもなく、企業は業績を拡大して売上を伸ばし、成長していくことを目指している。それが資本の論理である。だが、前述したように、日本においてスポーツは体育――つまり、教育の一環として捉えられていたように思う。体育という伝統的な教育科目と地続きであった日本のスポーツ界においては、スポーツでカネを儲けるという発想がそもそも体質的に相容れないものなのだろう。

一方、欧米ではスポーツチームが積極的にビジネス界から経営手腕のある人材を引き抜き、トップに据えることも少なくない。その体質の違いが、急成長を遂げた欧米のプロスポーツに大きな差をつけられてしまった要因かもしれない。

スポーツをビジネスとして成立させるためには、エンターテインメントビジネスとして夢のあるビジョンを提示し、カネを稼ぐ具体的な仕組みを立案し実行していくスキルが求められる。今後、スポーツビジネス市場を拡大しようというのであれば、その人材育成のための道筋をつくるか、あるいは他業界から優秀な人材を呼び込むための待遇を用意すべきだろう。これはコンテンツホルダーだけの課題ではない。スポーツ界に関わる課題として、業界全体でその仕組みを構築すべきである。長期的な人材の確保と育成に取り組んでいくことは業界全体においてまさに急務といえる。

「体育」から「エンターテインメント」へ

こうした人材育成が進んでいないことの弊害は、とりわけアマチュアスポーツ界において大きい。近年、アマチュアスポーツ界では競技団体のトップや指導者たちによる暴力・暴言といったパワーハラスメント、助成金の不正流用、問題隠蔽といった不祥事が相次いで発覚、世間を騒がす問題となっているのは、その一端を示している。

この状況の背景にも、スポーツがエンターテインメントの文脈ではなく、体育の延長で捉えられてきたことがあるように思う。どの問題も当事者となった人物は、組織内で圧倒的に強い立場と権力を持っており、誰も逆らえない状況をつくり上げている。これは上意下達のトップダウンが当たり前で選手よりも、ボスや組織を優先するという文化が生み出した歪みといえるだろう。

多くの場合、アマチュアスポーツ界の競技団体で上位の立場に就いたり、リーダーになっているのは、選手としてある程度の実績を残した元アスリートが中心である。現役引退後はそれぞれの競技経験者を中心に構成される閉鎖的ムラ社会で、体育会系ならではの「上位者の支持は絶対」という暗黙のルールのもと、権力を長く握ってきた方もいるだろう。そうした状況に基づく勘違いが一連の不祥事の要因とも考えられる。こうした慣習の中で権力争いをしてきたような人たちに、スポーツをエンターテインメントとして捉える視点を求めても難しい。

しかし、近年こうした問題が次々と明るみになっているのは、時代が過渡期を迎えているからだともいえる。現役アスリート側からも変革を求める声が上がり、当事者からの告発、改善要求が出始めている。そういう意味では良い方向に変わりつつあるし、世代交代も進んでいるということだろう。競技団体の体質改善は急務である。

体質改善がうまくいっている例を一つ挙げるとすれば、日本フェンシング協会ではないだろうか。日本フェンシング協会会長の太田雄貴氏は、若い世代がリーダーシップを発揮している好例であると思う。太田氏は、フェンシングの競技としてのエンターテインメント性を強調する大会運営など、新しい試みに積極的に取り組むことで新たなファン層を開拓することに成功。２０１８年の第71回全日本フェンシング選手権大会は、発売から40時間後にはすべてのチケットが完売したという。

他のスポーツのジャンルにおいても、競技を「エンターテインメント」として捉え、旧来の慣習から脱却した新たな手法が、今後さらに重要になっていくだろう。「かつて第一線で活躍した選手として、競技の現場を知っている」という体育会系的な経験値よりも、ビジネスパーソンとして「コンプライアンス」や「ガバナンス」についての見識を持ち、閉鎖的な体育会系の空気を打破する強烈なリーダーシップを備えていることが、スポーツ界のリーダーとして重要な資質になってきている。

そして、もちろんカネは必要だ。そのためにも各競技の世界で、スポーツをビジネスとして成り立たせて、「儲かる」というサイクルを実現する必要がある。リーダーは、自分たちの取り組みがビジネスとしてどのような発展を見せていくのか、そのビジョンを描いて実現していかなくてはならないのだ。

さらに、スポーツを「体育」からエンターテインメントビジネスへと転換させる際、重要なポイントになるのは、やはり「共感」が最重要視されるコトビジネスになっていることだろう。日本フェンシング協会の改革の例でも、デジタル演出された競技映像をみて「かっこいい！」「ドラマチック！」という共感や感動が多くのファンを呼び込んだ一因になっていることは間違いない。

次章では、この「共感」をベースにスポーツビジネスで新規ビジネスを創出するための考え方「ＳＥＴ分析」を紹介する。

3 章

「スポーツ×α」で新規ビジネスを創出する

スポーツビジネスの世界で新事業や新領域を開拓していくには、スポーツ以外の何か（企業や分野＝α）との連携が必要になる。そして「コトビジネス」であるスポーツビジネスの場合、従来の「モノビジネス」の考え方は当てはまらないことが多い。スポーツ分野を開拓するうえで注目すべきは、「共感（Sympathy）」「エコシステム（Ecosystem）」「時間（Time）」の3つの視点である。本章ではこれら3つの視点の頭文字をとった「SET分析」を用いて新規ビジネスを創出していく手法を紹介する。

スポーツビジネスにおいて、今後、最も重要となる視点は「異業種連携」と私は考えている。これはつまり、スポーツビジネスの世界に新規参入したり、スポーツ事業の売上を増やすには、「スポーツ×α（スポーツ以外の何か＝αと連携することによりスポーツビジネスの新領域を開拓すること）」の視点で考えるということだ。

前章でも説明したように現状では、リーグやチームは自分たちが保有するコンテンツの価値を十分に活用できていない。「試合というコンテンツを観客にみせてカネを稼ぐ」という伝統的ビジネスモデルが大半を占めており、その他の多くの魅力的なコンテンツは埋もれたままになっている。

マンチェスター・ユナイテッドのように、クレジットカードや住宅ローンなど金融事業を幅広く手がけるグループ企業と連携すれば、「ファンの属性情報」というコンテンツを活用した新たなビジネスが生まれるかもしれない。ファンの生年月日や、ファンが結婚しているかどうかなどの情報がわかれば、最適なタイミングで保険商品をプロモーションすることも可能だ。

「異業種連携」によって新たな収益源を創出する

マンチェスター・ユナイテッドは、「スポーツ×金融」という「異業種連携」によって新たな収益源を創出した。日本ではまだこのような事例は少なく、主な収入源の「第一のドライバー」はチケット販売、グッズ販売、放映権収入、スポンサー収入である。これがリーグやチームの財政規模が欧米と比較して拡大していかない理由の一つと考えられる。だからこそ「異業種連携」でスポーツビジネスの新領域を「発見」「開拓」していくことが重要なのだ。

スポーツ庁はスポーツビジネスの市場規模を2025年までに約3倍に拡大させるというプランを発表している。しかし、従来の入場料や放映権を底上げするだけでは、このプランの達成はかなり厳しいだろう。もちろん、入場料収入の増加も不可欠であり、まだポテンシャルもあるのだが、スタジアム・アリーナに収容人数の限界がある以上、そこには「リミット」がある。

そこで、市場規模の拡大を実現するための「第二のドライバー」となるのが、スポンサーを含めた多様な企業が「スポーツ×α」により、スポーツというコンテンツを活用し、新規ビジネスを創出していくことだ。それぞれの企業ごとに追求したい目的や解決すべき課題があり、それをスポーツコンテンツ活用によって解決していく。その組み合わせの可能性は無限といっていい。

では、スポーツを活用した「スポーツ×α」の新規ビジネスの創出を考えるときに、どのような視点が求められるのか。そこで紹介したいのが、我々がコンサルティングサービスで実践し、培ってきた経験から開発した戦略ソリューション「SET分析」だ。

「3C分析」の限界

通常、新規ビジネスを創出する際は、「3C分析」と呼ばれるフレームワークを用いることが多い。これは経営コンサルタントの大前研一氏が考案したもので、世界的にも広く知られている。

3Cとは、「Customer（顧客・市場）、Competitor（競合）、Company（自社）」の3つの頭文字を取ったものだ。つまり、新規ビジネスの創出にあたって「顧客ニーズはあるか」「競合はいるか」「自社のリソースで実現できるか」という3つの視点から

■3C分析

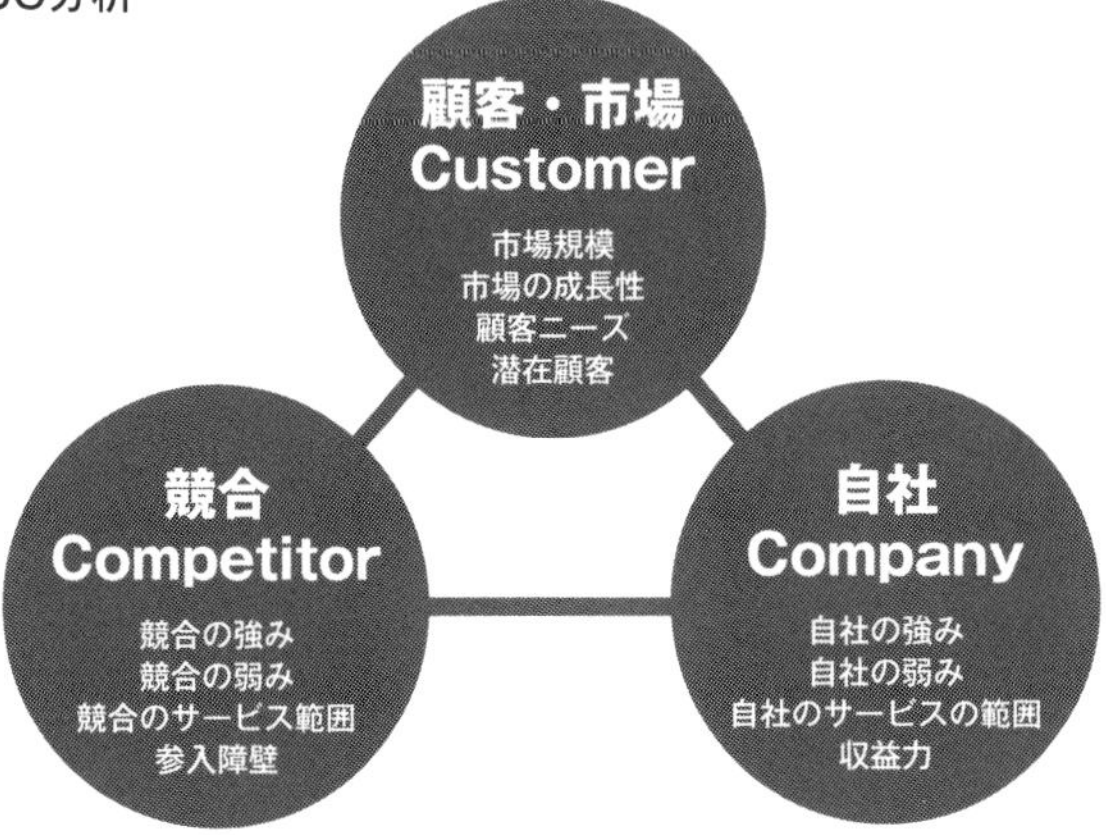

経営戦略やマーケティング戦略の立案などを行う際に用いられるフレームワーク。顧客・市場（Customer）、競合（Competitor）、自社（Company）の3つの視点で分析する

リサーチ・分析を行い、その結果を基にコンセプトおよびビジネスモデルを構築していくという考え方である。

この3C分析は、我々もコンサルタントとして事業の方向性を検討する際に使用している。しかし、実際にスポーツビジネスのコンサルティングにおいて新たな事業を創造しようとしたとき、この視点で十分なのか疑問を感じることがあった。

それはスポーツビジネスが「コト」を売る――つまり情緒的な価値（楽しむ、興奮する、癒やされる…など）を提供する商品・サービスを創り出すという、コトビジネスであることが理由だと考えられる。

例えば、Customer（顧客・市場）を分析しようとしても、形のあるモノを販売するわけではないコトビジネスにおいては、市場や顧客の境界は非常に曖昧だ。スポーツをテーマにするので当然スポーツ市場に関連する多様なデータ（「競技者数の推移」や「年代別の好きな競技」…など）を確認することになるが、どれだけ眺めてみたところで、人々の「共感」に訴求する「スポーツ×α」の組み合わせのアイデアは見つからない。「コト」を消費するという観点からすれば、スポーツコンテンツによって情緒的な価値が生み出されるという事象に関する本質的理解が必要で、顧客・市場とともに、より幅広く、新しい捉え方をしなくては着想が得られないのだ。

Competitor（競合）についても、モノを販売するときのような分析はできない。Jリーグのあるチームと連携して新たなビジネスを創出しようとしたとしよう。そのときに競合となるのは、Jリーグの他のチームなのか？　あるいはプロ野球やBリーグといった他のプロリーグになるのか？　そうではない。新たなビジネスがエンタメ性の高いものであれば、他のエンタメ施設、エンタメ事業が競合になるのではないだろうか。そうだとすると競合が特定しにくく、分析しようがない。つまり、コトビジネ

■スポーツビジネスにおける「3C分析」の限界

・3C分析は、スポーツ（コト）ビジネスの視点としては使いづらい

Customer（顧客・市場分析）

<u>スポーツ市場のみを分析しても「スポーツ×α」の着想は得られない</u>
―よくあるスポーツ市場のデータ（競技者数の推移や、年代別の好きな競技など）のみをいくら眺めても、「スポーツ×α」のアイデアは得られない
―そもそも、スポーツを含め、コトビジネスは市場の境界が曖昧であるため、スポーツ市場という枠に捉われず、世の中のコトの事例、事象を幅広く分析する必要がある
→スポーツ市場を越えた、"コト"の本質を正しく理解する必要がある

Competitor（競合分析）

<u>スポーツビジネスの"競合"とは誰なのか</u>
―Ｊリーグのライバルはプロ野球？ 阪神のライバルは巨人？ ではない――
ランニング、ウォーキング、ボルダリングといった昨今盛んなスポーツは、何から顧客を奪ったのか？ プロ野球？ Ｊリーグ？ Ｂリーグ？ ではない――
→"競合"という概念を再定義する必要がある

Company（自社分析）

<u>スポーツビジネスは"自己完結"ができない</u>
―スポーツビジネスには、必ず、高度なハードと高度なソフト（コンテンツ、プロモーション、オペレーションなど）の両方が必要
―スポーツビジネスの多様化・迅速化に対応するためにも、柔軟性のある体制が必要
→自社だけでなく、パートナー候補まで分析する必要がある

スにおいては、従来の競合という概念でライバルを想定することは難しい。

そして、最後のCompany（自社）もこれまでの分析が通用しない。現代のスポーツビジネスの世界にはテクノロジー企業や海外巨大企業などの参入も多く、変化のスピードも速い。「eスポーツ」などという従来の概念では考えられなかったスポーツさえ登場している。こうしたスポーツビジネスの領域で、従来と異なる商品やサービスを提供するにはハード・ソフトの両面においてより高いレベルのものが要求される局面が多く、そうしたニーズにすみやかに対応する体制が必要になる。自社のリソースのみで新たなビジネスモデルを完結させることは現実的ではないため、

■「スポーツ×α」の検討に、有効な視点は「SET」

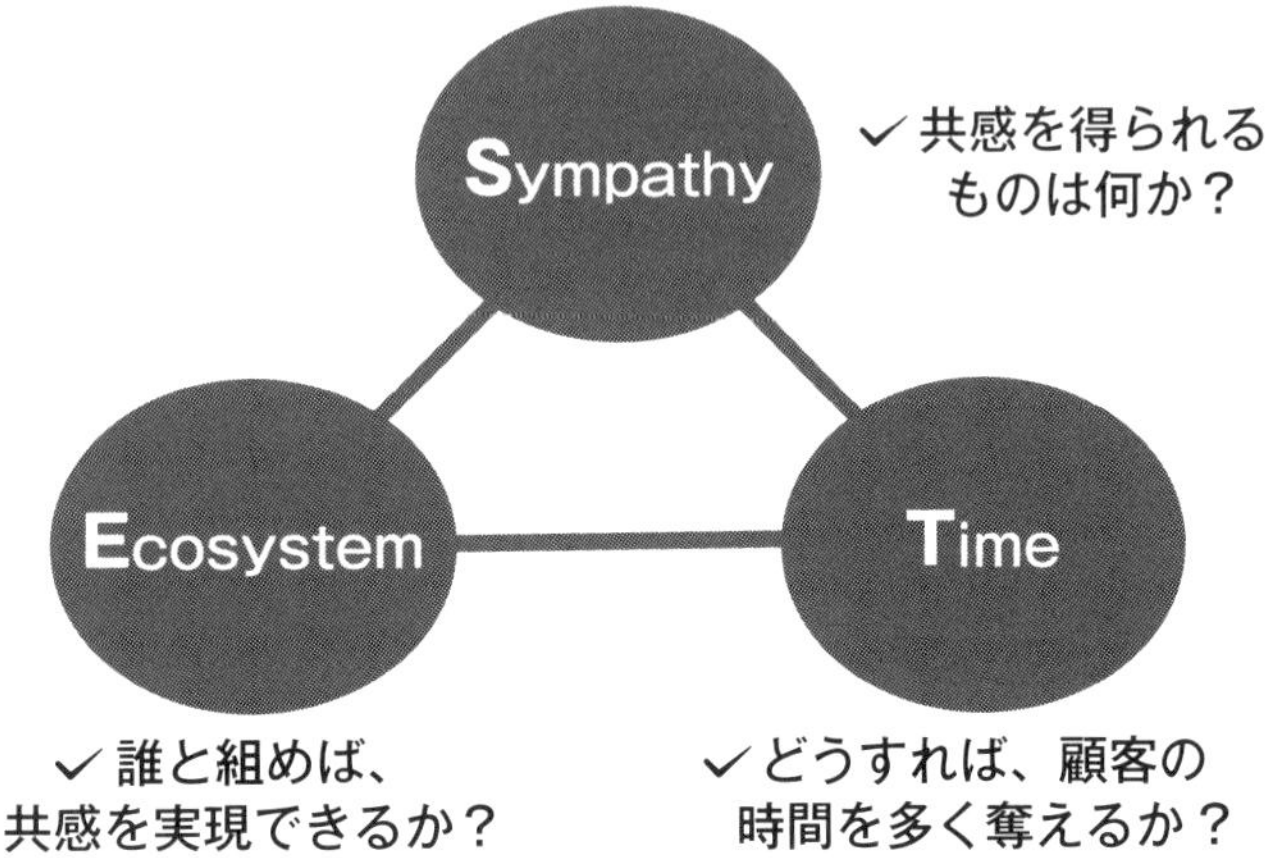
Sympathy
✓共感を得られるものは何か？
Ecosystem
Time
✓誰と組めば、共感を実現できるか？
✓どうすれば、顧客の時間を多く奪えるか？

プロジェクトをともに進める外部パートナーを得ることが重要になってくるのだ。

このようにコトビジネスであるスポーツビジネスに「3C分析」の限界を感じ、我々は3C分析に加えて新たな分析視点を考えることにした。それが、「共感を得られるものは何か（Sympathy）」「誰と組むべきか（Ecosystem）」「顧客のどの時間を奪えるか（Time）」という分析視点である。それぞれの頭文字を取り「SET分析」と呼んでいるが、これがスポーツをはじめとしたコトビジネスの戦略を検討するうえでの新たなツールになると考えている。

「共感」「エコシステム」「タイム」の3要素

【共感を得られるものは何か（Sympathy）】

1章で紹介したFCバルセロナの本拠地カンプ・ノウで売られていた芝生の切れ端は、常にFCバルセロナとの一体感を感じていたいという「共感」をとても上手に利用した新しい商品といえるだろう。そうした共感ポイントというものは、ロジックや定量的データで測れるものではない。それぞれの個人の中にあるプリミティブな欲求を刺激し、その欲求を満たせるものが共感を生み出す。

例えば、ニュージーランドのラグビー代表チーム「オールブラックス」は多くの人がご存じだろう。彼らが試合前に踊る「ハカ（ＨＡＫＡ）」をみたことがあるという人も多いはずだ。これは元々は少数部族のンガティトア部族の部族長が敵からの攻撃で死を覚悟する中で、なんとか生き残ることができた喜びを表現した踊りである。

ニュージーランドでは大人はもちろん、子どもたちでもその意味を知っている。だから、子どもの頃からみんなＨＡＫＡを踊り、それをいつか大舞台で披露することを夢みている。こうした歴史と伝統があることによって、オールブラックスのメンバー

■SET分析の概要

・「SET」の視点を使うことで「スポーツ×α」の新規ビジネスの要素が見えてくる

Sympathy（共感ポイント）

スポーツ市場にとらわれず、世の中全体の〝共感ポイント〟を分析する

—世の中にあふれるデータ、事例、直感から、〝共感ポイント〟を探る

例）アイドルブーム：人は〝自分が成長させた〟と感じることに喜び（スポーツに置き換えると?）

　　民泊ブーム：インバウンドは〝日本らしさ〟を体験したい（スポーツに置き換えると?）

〝理屈〟〝定量データ〟にとらわれない

例）ニュージーランドの「オールブラックス」が人気。「強さへの憧れ」が共感ポイント。理由はない

→人間が持つ、幅広い、プリミティブ（原始的）な欲求を意識する

Ecosystem（エコシステム）

共感ポイントを実現するための、エコシステムを検討する

—共感ポイントを実現するために必要な能力を検討する

—自分の能力（強み）を棚卸しし、使える能力を明確化する。足りないものは他社に補ってもらう。足りない能力を持っている他社はどこか、までを分析する

→〝エコシステム〟を前提として検討する

Time（時間）

共感ポイントの実現によって奪える時間、さらに奪える時間を検討する

—共感ポイントの実現により、奪える時間、さらに追加で奪える時間を検討する

—「コトビジネス」の強さ＝奪っている時間の長さ、であり、〝競合〟とは、時間を奪うものすべて、と心得る

→多くの時間を奪えるかどうかを、新規ビジネスにおける魅力の判断基準とする

がＨＡＫＡを踊る姿はただの踊りではなく、「誰にも負けないパワーを得て、どんな敵にも立ち向かうことができる」というストーリーを込めている。こうしたストーリーが「強さへの憧れ」という「共感」をつくり、ファンの獲得につながっているのだ。

　こうした共感を生み出せるコンテンツ（アセット）をすべて洗い出すことが、コトビジネスで成功する第一歩である。そして、それはいわゆるスポーツ市場を従来の手法で分析したところで見えてくるものではない。ＨＡＫＡによって喚起される「強さへの憧れ」という共感は、人々のプリミティブな欲求であるが、こ

れは市場分析からは出てこないのだ。このコンテンツから生み出される共感は何か、ということを突き詰めていく必要がある。

例えば、ＡＫＢ48グループなどアイドルブームの根幹にある共感ポイントは何だろうか。それは「自分が応援し、投資することで『成長させた』と感じる喜び」ではないか？　ＡＫＢ48はそうした共感ポイントをアイドルビジネスに組み込んで成功を収めたといえる。あるいは民泊ブームの根幹にある共感ポイントは？　これは「飾らない本当の日本らしさを体験したい」ということではないだろうか。では、これらの「自分が応援し、投資することで『成長させた』と感じる喜び」「飾らない本当の日本らしさを体験したい」といった共感ポイントをスポーツに置き換えたらどういうものになるだろう――。そして、そこに自社のコンテンツで活用できるものがあるか――。共感ポイントの分析に求められるのはそんな考え方だ。

【誰と組むべきか（Ecosystem）】

共感ポイントは実に多種多様である。そして共感は特定の形を持たないので、共感をつくる手段には様々なものがある。しかし、だからこそ、共感を商品・サービス化する際に、それを自社のみで行うことは容易ではない。例えば、ある共感を基にしたアプリサービスのアイデアを思いついたとしても、その共感をうまく伝えるアプリ設計や開発の技術がなければ実現できない。共感を商品やサービスにするためには、自社にないリソースは他者と組んで、スピーディに提供していくことが重要である。「誰と組むべきか？」というエコシステムの切り口から、目的達成への道筋を探っていくことが大切である。

【顧客のどの時間を奪えるか（Time）】

通常、商品やサービスの売り込み方を考える際には、競合分析を行う。競合他社の商品やサービスと比べて、自社商品・サービスの品質やコストの優位性を評価し、他社商品・サービスとの差別化要素を浮き彫りにするための機能的な分析が中心となる。

こうした分析は、機能が売りとなる「モノ」ビジネスには有効である。例えば、皆さんも冷蔵庫やテレビを選ぶときには機能やコストを重視するはずだ。モノを売るには他の商品・サービスとの違いを把握したうえでのマーケティングが必須となるため、競合分析を行うのは定番の手法である。

■どうやって時間を奪うのか

・考え方によっては、いずれの時間もターゲットとすることが可能
・時間の概念を取り入れることで、思考の幅を広げることができる

	例1	例2	例3	例4
奪う時間の候補	・通勤／通学時間	・会社に行っている時間 ・学校での授業時間	・会社帰りの平日の夜間	・土曜の午前中に家でだらだらしている時間
時間の奪い方の一例	・スマホで情報を発信し、電車やバスの中で読ませる	・仕事で使えるようなデータを提供する ・自社施設の社会科見学ツアーを提供する	・最新スポーツテクノロジーを活用したエンタメを提供する	・家でもできるフィットネスプログラムを提供する

しかし、共感がセールスポイントとなるコトビジネスではどうだろうか。機能が重視されるモノビジネスとは異なり、共感という人々の内面的感情を引き出すコトビジネスは多様であり、同じ共感ポイントを売りにする商品・サービスすべてが競合となる。スポーツをスタジアムやアリーナにみにいくときに、「ワクワクしたい」という人もいるだろう。そのときに競合になるのはなんだろうか。同じ競技の他チームの試合もあれば、映画をみること、コンサートにいくこと、なども競合だろう。そんな幅広い競合分析は無理である。だが、コトビジネスにおいては共通点がある。それは体験させるた

めの時間が必要であるということ。どのコトビジネスも、我々、消費者の時間を奪っている。つまりコトビジネスは消費者の時間の奪い合いをしているといえる。そう考えると、コトビジネスを提供する企業は、顧客が日々過ごしている時間をできるだけ多く奪い、奪った時間に共感ポイントを訴求することが重要になる。

そして消費者の時間というのは、ある程度パターン化することができる。サラリーマンの平日であれば、睡眠時間、通勤時間、会社にいる時間、食事時間などに分解できる。このように消費者（ターゲット）の時間の使い方を把握し、それぞれの時間にどれだけ食い込むことができるかが勝負となる。

つまり、「競合」を3C分析のように「ライバル他社」とだけ捉えるのではなく、「顧客の時間を奪っているものすべて」と捉え直すことが必要だ。詰まるところ、コトビジネスは「時間の奪い合い」である。

この「共感を得られるものは何か（Sympathy）」「誰と組むべきか（Ecosystem）」「顧客のどの時間を奪えるか（Time）」という3つの視点に基づくSET分析は、スポーツコンテンツを活用した新たなビジネスの種を生み出すために有効なフレームワークになると考えている。もちろん、スポーツビジネスのみならず、他の業界においてもコトビジネスを創出するうえでは有効な視点となるだろう。

パートナーとの関係構築のポイント

スポーツが多くの人々の共感に訴求する究極のコトビジネスであるということは、繰り返し説明してきた。ここでは、SET分析における「誰と組むべきか（Ecosystem）」「顧客のどの時間を奪えるか（Time）」という2つの視点についてもう少しだけ補足説明させてもらいたい。

世の中の変化が急速に進んで、消費のあり方がモノビジネスからコトビジネスへと移行していく中、どんな業界でも何か新しいビジネスを始めようとしたときに自社リソースだけで完結させることが難しくなっている。今や事業に必要となる様々な機能は細分化し、高度に専門化されているからだ。つまり、自社だけで事業を行うよりも外部リソースを活用した方が、質の高い商品・サービスを短期間で提供できる可能性が高い。「スポーツ×α」の組み合わせによって新規ビジネスを生み出す際にも、パートナーとのエコシステムを構築することを前提とすべきだ。

その際、どのようなパートナーと連携して、どのような共感ストーリーをつくっていけばいいのだろうか。それを考えるうえでは、共感ストーリーをつくるための要素を洗い出すために、自社のリソースをすべて棚卸しして使える能力（強み）をリストアップする必要がある。そのうえで足りない能力は外部リソースを活用することで補うことになる。そのためには、自社に足りない能力を持っている他社にはどんな企業があり、どのようにパートナーシップを築いていくべきか把握しておく必要がある。

スポーツビジネスにおける主要プレイヤーは、1章で説明したように「コンテンツホルダー」「行政」「スタジアム・アリーナ」「スポーツ推進企業」「メディア」の5つだ。それぞれのプレイヤーの特徴をおさらいしておこう。

スポーツコンテンツを活用して何かしようとするのであれば、「コンテンツホルダー」は当然パートナーとなる第一候補だ。ただし、繰り返し述べてきたように、従来の企業ロゴ掲出にとどまるシンプルなスポンサーシップという関係ではなく、協業して新たな価値を創り、互いの課題解決につながるビジネスを考えることが前提となる。

「行政」については、スポーツ基本計画に関連する施策として補助金制度がある。活用できるものがあるかもしれないので、その動向はしっかり押さえておくべきだろう。ただし、私が知る限り、スポーツに関する公的な補助金の多くは東京オリンピック・パラリンピックに向けたパフォーマンス強化施策が中心である。今後はマーケティング分野へ補助金を出すという考え方も必要ではないかと思っているし、期待したい。

「スタジアム・アリーナ」については、プロチームのホームスタジアム・アリーナの場合、チームが指定管理者として運営を担っているケースが多い。国や地方自治体などが保有しているため、スタジアム・アリーナを活用したビジネスを行いたい場合、施設改修のハードルは高い。基本的に関係者の合意は得られにくいことを留意することが必要だ。

「スポーツ推進企業」には、最新のテクノロジーを持った異業種からの新規参入企業も多い。様々な企業において事業強化にスポーツコンテンツを活用したいというニーズが高まっていることが背景にある。そのため、どんな事業を手がけるかにもよるが、現在はパートナーを探しやすい環境にあるといえるだろう。アスリートのパフォーマンス改善の領域を中心に、スタートアップ企業の参入も増加している。柔軟な考え方を持った、エネルギッシュなスタートアップ企業と連携することにより、短期間で成果が得られることもある。

「メディア」はスポーツコンテンツを活用した新たな取り組みに注目しており、そうした事業は積極的に取り上げられることが多い。そういう意味でメディアとのリレーションシップを築いておいて損はない。テレビ局、ＯＴＴ、ウェブメディア、新聞、雑誌などと関係を持っていれば、新たな取り組みの発信が容易になる。

有益なパートナーの見つけ方

ここまでパートナー候補となるプレイヤーの特徴を紹介してきたが、自社にとって有益なパートナーは、具体的にどのように見つければ良いのだろうか。私がスポーツビジネスを推進してきた経験則から、いくつかのポイントを挙げたい。泥臭い関係性も重要である。

【スポーツ関連のカンファレンスに参加する】

スポーツビジネスに意欲的なプレイヤーは、もちろんスポーツ関連のカンファレンスにも積極的に参加している。カンファレンスには多種多様の能動的なプレイヤーがいる。カンファレンスの特徴ごとに、集まるプレイヤーの傾向は異なるが、真剣に他社とのコラボレーションを考えているなら、基本的には多くのカンファレンスに参加してネットワーキングを行うことが望ましい。

結局のところ、会って話をすればするほど互いに相手のことが理解できるようになるものである。友人関係の構築とそれは変わらない。また、テーマがスポーツだけに、他業種に比べて比較的フランクに多くの人とコンタクトすることが可能である。同じスポーツ好きなら話題にも事欠かないし、同じチームのファンであることがわかれば話も盛り上がるだろう。こういった点もスポーツの持つ特性といえる。パートナーを見つけるには、まずネットワーキングから、ということだ。

【パートナー候補のビジネスモデルを理解すること】

そして、実際にパートナー候補が見つかった場合、何より重要なことはそのパートナーのビジネスモデルや課題を深く理解することである。一緒に新規ビジネスに取り組んだときに相互にどのようなメリットを与えられるのか、それを明確にすることが良好なパートナーシップを長く維持するうえでのポイントとなる。

パートナーが互いの強みを発揮して成功した好事例として、サッカーJ1のセレッソ大阪と駐車場予約アプリ「akippa」の連携を紹介しよう。akippaは全国の空いている月極や個人宅の駐車場を一時利用できるサービスを提供している。セレッソ大阪には、試合をみるためにスタジアムまで車で行きたいというファンに対して駐車場を十分に提供できないという課題があった。そこで、ファンに向けてakippaのサービスの周知を行うことで駐車場問題の解決策を提示できた。これがセレッソ大阪のメリットだ。一方、akippaはセレッソ大阪のファンに対する周知に加えて、幅広くakippaユーザーに対してセレッソ大阪のホームゲームに優待するといったサービスも提供した。結果的に、想定ターゲットであるセレッソ大阪のファンに対してakippaの認

■akippaのウェブページ

駐車場を予約する「akippa」のウェブページ。その知名度を高めるためにセレッソ大阪とのコラボが大きな成果を上げた。https://www.akippa.com/

知度を一層高めることができ、サービス内容も浸透させることができた。これが、akippaのメリットである。このように両者がビジネスアライアンスとして連携することによって両者の課題が解決し、ファンに新しい価値を提供することに成功した。

結局のところ、双方にビジネス的なメリットがなければパートナーシップが成立するはずはない。そのためには当たり前のことであるが、お互いに利益のある関係を築くことの重要性を改めて強調しておきたい。

「時間を奪う」ことで共感を伝える

続いて考えたいのは、共感ストーリーを消費者に伝えていくうえでのポイントだ。コトビジネスでは、モノのような機能的な価値を提供するのではなく、共感ストーリーを伝えていく必要がある。では、どのように伝えていけば良いのだろうか。

そのカギとなる考え方が消費者の「時間を奪う」という考え方である。私たちは朝起きてから寝るまでの間、様々な時間の過ごし方をしている。言い換えれば、何かに時間を奪われているのだ。例えば、私の場合、平日であれば通勤時間にはスマホで情報検索をしているし、勤務時間中はパソコンでの各種作業や、会議などに時間を奪われている。

より多くの人々に共感ストーリーを伝えるには、他の何かによって奪われている消費者の時間にどうにかして食い込まなければならない。つまり、「今、時間を奪っているものから、さらに時間を奪う」ということになる。

これがSET分析における「顧客のどの時間を奪えるか（Time）」の出発点だ。時間の奪い方には二通りある。時間を奪っている何かを「代替するか」もしくは時間を奪っている何かに「便乗するか」である。

通勤時間を例に考えてみよう。まず「代替する」とはどういうことか。電車で通勤している場合、周りを見渡せば大半の人がスマホを見ているだろう。しかし、みんな本当にスマホを見たいから見ているのだろうか。電車の中で他にすることがないから、なんとなく暇つぶしに見ているだけかもしれない。

実際、通勤にかかる時間と同等の自由時間があれば「運動をしたい」と思っている人もいるはずだ。そのように考えると、あくまでアイデアレベルの話ではあるが、フィットネス器具のメーカーが鉄道会社に「つり革を伸縮性のあるゴムに変更して、上腕二頭筋を鍛えられるサービスを提供する」という提案をすることができるかもしれない。あるいは、つり革の輪の部分を握力鍛錬グリップにしてみるのも良いかもしれない。

このようなサービスが実現することによって、運動不足を気にしている会社勤めの人々から好評を得て、鉄道会社のブランドイメージ向上につながる可能性はあるだろう。他の鉄道会社もこのサービスを取り入れ始めるようになれば、フィットネス器具メーカーはより大きな利益を得ることができる。つまり「代替」とは、通勤時間を奪っているスマホから、「通勤時間にも運動したい」という気持ちに対応する新サービスに「代替」するという意味だ。

一方、「便乗」は、シンプルな話である。通勤時間によく使われるような情報提供アプリやゲームアプリといったアプリ内に広告を出したり、あるいは自社ビジネスと連動したアプリそのものを開発したりするということである。この便乗という手法は既に広告を中心に使われている考え方ではあるが、「時間を奪う」という観点から考えれば、まだ工夫によって便乗できる余地は大きいといえるだろう。

この「通勤時間を奪っているものへの便乗」というサービスを実現している例として、会員制総合フィットネスクラブの運営を行う東急スポーツオアシスが提供している「コソ・トレ・イン（電車内エクササイズ）」がある。これは動きが少なく、周囲にも配慮したエクササイズ各種を東急線車両に搭載されているＴＯＱビジョンで放映するというサービスだ。このサービスによって東急スポーツオアシスは、ぼんやりと車両のビジョンを眺めている時間を「電車内でのエクササイズ」という試みによって奪おうとしている。電車の乗客の時間を奪っているビジョンへ便乗し、広告を掲出すると同時に健康を強く意識している人へ同社の思いを伝え、共感を求めていると考えられる。

スポーツが奪っている時間は活用の余地が大きい

それではスポーツで考えてみよう。

皆さんはスポーツをするために、あるいは観戦するために、どのくらいの時間を使っているだろうか。観戦するとなれば多くの場合、少なくとも数時間は使う。試合当日は朝から試合のことしか考えていないかもしれない。スポーツの種類や場所によっては移動を含めて丸１日使うこともあるかもしれない。

つまり、スポーツというのは、相当な時間を奪えている。例えば、ＪリーグであればJ1・J2合わせて、約25万人のファンが毎週スタジアムに足を運んでいると推測できる。会場に向かう時間、試合観戦、会場からの帰宅――という一連の流れでどれだけ時間がかかるだろうか。それが毎週25万人分である。相当な時間を奪っていることがおわかりいただけるだろう。

具体的に、サッカーの試合をみにいく当日を例にして、サッカーファンが奪われている時間を場面別に分類してみよう。

・気合をいれて準備する時間（ユニフォームを着たり、時間を確認したり、友達と連絡しあったり…）
・自宅から駅までの移動時間
・スタジアムのある駅までの電車での移動時間
・駅からスタジアムまでの移動時間
・スタジアムに到着して試合が始まるまでの時間
・試合前半
・ハーフタイム

・試合後半
・試合終了後のスタジアムから駅までの移動時間
・自宅のある駅まで電車での移動時間
・駅から自宅までの移動時間

サッカー観戦は少なくとも、これだけの時間を奪っているのである。

そして、これらの時間はファンの意識がチームに向いていて、チームへの「ロイヤリティ」が非常に高まっているタイミングでもある。プロのリーグやチームはこのロイヤリティの高い時間をフル活用して、さらにファンとの関係性を深めるための施策を考えたり、あるいはカネを使ってもらうための努力をしたりすべきである。しかし、これもまたリーグやチームのリソースだけでどうにかなるものでもない。活用にあたってはエコシステムの観点から他企業とのコラボレーションを考えた方が、より良いサービスを提供できるはずだ。移動であれば鉄道会社と組む、あるいは先ほど紹介したakippaのようなサービスと組むということだ。

一方、企業の立場に立てば、サッカー観戦がそれだけ多くのファンの時間を奪えているなら、そこに「代替」するものを提供するか「便乗」することには、大きなメリットがある。このように考えていけば、企業にとってスポーツ活用の幅は一気に広がるのではないだろうか。スポーツが奪っている時間は、スポーツコンテンツの一つであり、その活用の余地は大きい。海外での事例を見てみよう。

ファンの時間を意識したバイエルン・ミュンヘンの取り組み

ドイツのプロサッカーリーグ、ブンデスリーガのバイエルン・ミュンヘンは、ファンが試合をみるうえで使っている時間（奪っている時間）において、「ファンエンゲージメント（ファンにトータルなサービスを提供することによる「ロイヤルカスタマー」の育成）」を積極的に行っている。

バイエルン・ミュンヘンはファンがサッカー観戦で使う時間を区切って、それぞれの時間帯において様々な取り組みを行っている。そのために、ドイツの世界的なＩＴソフトウェア企業、ＳＡＰをパートナーとしている。具体的に見ていこう。

①スタジアムまでの移動時間

公共交通機関を使うことが多い日本と異なり、ドイツでは車が試合会場までの主な交通手段となる。交通渋滞が発生すると試合開始時間に間に合わなくなる可能性があるため、バイエルン・ミュンヘンはチームアプリを通じて、間に合わない可能性があるファンに対して「パーク&ライド（最寄りの駅やバス停まで車で向かい、そこから公共交通機関を利用すること）」の情報を提案する仕組みづくりを検討している。

②スタジアムに到着してから試合までの時間

到着してから試合開始までの時間帯は多くのファンがグッズや飲食物を購入する。その際、ファンアプリを提示することによりポイントが貯まるようになっており、そのポイント数に応じてファンは様々な特典を受けられる。一方、スマホの位置情報や監視カメラの画像分析に基づいたヒートマップにより、管理側は混んでいる入場ゲートなどをリアルタイムで感知して、状況に応じスタッフを増員できる態勢をとっている。

③試合後の時間

試合が終わってからスタジアムを退場する際の混雑を緩和するため、飲食店舗の割引クーポンを発行し、待ち時間のストレスを軽減しつつ、売上増加を図っている。

このようにファンの動向をリアルタイムでモニタリングすることでスタジアム内外のオペレーションをスムーズに効率化させている。さらに、収集したファンの行動・購買履歴データを活用し、プロモーション活動を自動的に行い売上拡大を推進している。こうしてバイエルン・ミュンヘンはＳＡＰのテクノロジーを活用し、ファンの過ごす時間をサポートすることでファンの満足度・ロイヤリティを高め、売上増加につなげている。

また、ＳＡＰは元々、ＢtoＢ（企業間）ビジネスを提供する企業であるが、この取り組みによって数多くのサッカーファン（一般消費者）に対して、自分たちがスポーツを応援する企業であることを認知させることに成功している。サッカーファンはＳＡＰという企業が、スポーツ好きの自分たちと近い存在であると感じ、親しみや共感を持つのだ。また、サッカーファンの中には当然ビジネスパーソンも多く、「ＳＡＰはこんな高度なサービスも実現できるのか」と思わせる狙いもあるだろう。

ＳＡＰがバイエルン・ミュンヘンに提供しているシステムはスポーツという場で活用されているが、そのプラットフォームは通常のビジネスで用いられるものと同じであり、実績として広く認知されるインパクトは大きい。バイエルン・ミュンヘンが元々奪っているファンの時間を、同社は便乗によってうまく活用しているといえる。

このように、スポーツがファンから奪っている「時間」に着目すれば、誰もが様々な戦略を考えることができそうだ。そして、スポーツと企業との関係は、従来のシンプルなスポンサーシップだけではなく、その時間を活用して既存のサービスを強化したり、新たなサービスを創り出すパートナーシップへと変化していくだろう。新たなビジネスは、消費者の時間を奪い、共感を得るところから生まれる。

ＳＥＴ分析から具体的施策へつなげる方法

ここで、ＳＥＴ分析によって得られた、新規ビジネスにつながりそうな要素やアイデアを、「スポーツ×a」を実現する具体的な施策に結びつける流れを紹介したい。

このときに用いるのがＳＥＴの整理フレーム「価値創造フレーム」だ。

数多くの要素の中で、まず整理すべきなのは、①奪う時間（ターゲット）である。

これはSET分析の「顧客のどの時間を奪えるか（Time）」の視点から得られるもので、「誰の」「どの時間」を狙い奪うのかということだ。もちろん、「ビジネスパーソンの通勤時間」「ヤングファミリーの週末」「子どもの夏休み期間」など、それぞれ奪う時間が異なれば、アプローチも異なる。

続いて、「共感を得られるものは何か（Sympathy）」の視点で、②共感ポイント（提供価値）を整理する。ターゲットにどんな共感ポイントが刺さるのかを考える。「頑張っているアスリートを応援したい」「憧れのアスリートに近づきたい」「女性としてアクティブに生きたい」「自分を表現したい」など、理屈抜きのプリミティブな欲求を取り上げる。

ここで挙げられた欲求に訴えかけて、共感を呼び起こすコトビジネスとしての商品・サービスを、自分たちが保有する資産やコンテンツで構築できるか検討するのが次の段階だ。土地、施設、器具といったハードアセット、ネットワーク、顧客基盤、ブランド、ノウハウといったソフトアセットの両面から、自社のコンテンツやリソースを片端から徹底的に挙げていき、①奪う時間（ターゲット）、②共感ポイント（提供価値）と組み合わせる（掛け算する）ことで、どのような新たな価値を創造できるのかを検討するのだ。

このように検討していくと、自社のコンテンツやリソースでは足りないものが見えてくる。そこで「誰と組むべきか（Ecosystem）」の視点からパートナー候補になる他社のコンテンツ、外部リソースを分析する。そこから、どことパートナーシップを組むことが、この価値提供に最適なのかを考え、このフレームに載せていく。

この一連の作業を通して、ＳＥＴ分析から得られた要素を基に、具体的な「施策」の設計図を完成することができる。ＳＥＴ分析は市場分析などのロジックではなく人々の共感といった無形のものをベースにしているので、ややもすると思いつきの羅列になりがちである。そうなると、非常に可能性のあるアイデアであっても、企業の中での意思決定プロセスにおいて、「単なる思いつきでしょ？」という突っ込みが入り、停滞する可能性もある。そこで、この価値創造フレームを用いてＳＥＴ分析から導き出した要素を論理的な型にはめていくことが、説得材料として役に立つ。また、それぞれの要素を当てはめていくことで、新規ビジネスのアイデアの網羅性を確認することもできる。

■SETの整理フレーム　「価値創造フレーム」

・価値創造フレームを利用すれば、具体的な施策やアイデアの骨格が得られる

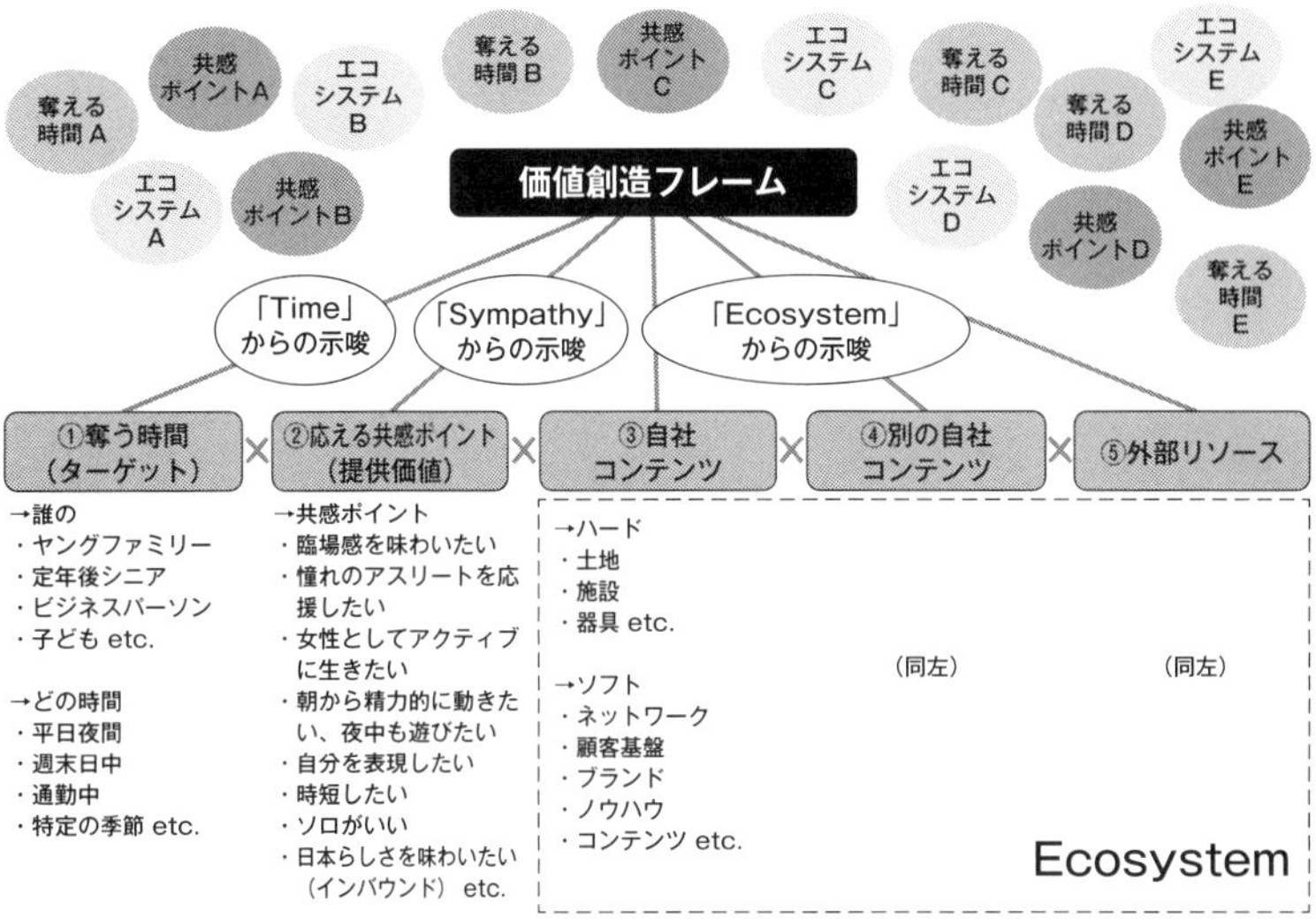

「SET分析」と「価値創造フレーム」を使えば、「スポーツ × α」の新規ビジネスの創出検討が網羅的に進む

SET分析の実践シミュレーション

理解を深めてもらうために、具体例を挙げよう。

ＪＡＬ（日本航空）が取り組んでいる、スポーツの明日をマイルで応援するプロジェクト「ＪＡＬネクストアスリート・マイル」というサービスをご存じだろうか。これは２０１４年6月から開始された「次世代アスリートの育成」を支援するサービスで、ＪＡＬの利用者が「自分の応援したい競技団体」に貯めたマイルを寄付することで応援できるというプロジェクトだ。

１口２０００マイル単位で寄付することができ、寄付分と同じマイル数をＪＡＬが上乗せして各競技団体に寄付する仕組みになっている。２０１９年3月1日時点で6２００名を超えるサポーターが登録し、２８４０万マイル以上が寄付されている。寄付できる競技も多様で、陸上や柔道、体操のようなメジャー種目から、パラ陸上、ウィルチェアーラグビー、セーリングなどといった種目も含め20競技が応援の対象だ。

ＪＡＬは企業として「挑戦する人の、翼になりたい」というキャッチコピーを打ち出している。ここには、「挑戦する人の、翼になりたい＝夢に挑戦するアスリートを応援したい」という共感ストーリーが重なってくる。「夢に挑戦するアスリートを応援しますか？」という質問を肯定的に捉えない人は少ないだろう。このメッセージは企業イメージも向上させているはずだ。

このようにＪＡＬの「ネクストアスリート・マイル」は人々の「アスリートを応援したい」という共感に訴求するプロジェクトである。この取り組みによる売上増加についてのデータは公表されていないが、少なくともこのプロジェクトに共感する人が多いことは６２００名を超えるサポーターが存在することで明らかだ。また、こうした取り組みがあることを知ったことでＪＡＬという企業に好感を持つ人もたくさんいるだろう。中には航空会社を選ぶときに「どうせなら、アスリートの応援ができるＪＡＬにしよう」と考える人もいるかもしれない。支援を受けた競技団体が移動時にＪＡＬを優先的に利用することも考えられるだろう。

ＪＡＬの「ネクストアスリート・マイル」は共感に訴求するコトビジネスの特性をうまく活用している好例だ。しかし、日本ではまだこのような取り組みのアイデアは少ない。さらにいえば、コンテンツホルダーであるスポーツ側から企業に提案することは一層少ないだろう。逆にいえば、その間を取りもって新規ビジネスを創出するチ

■SET分析の実施手順の全体像

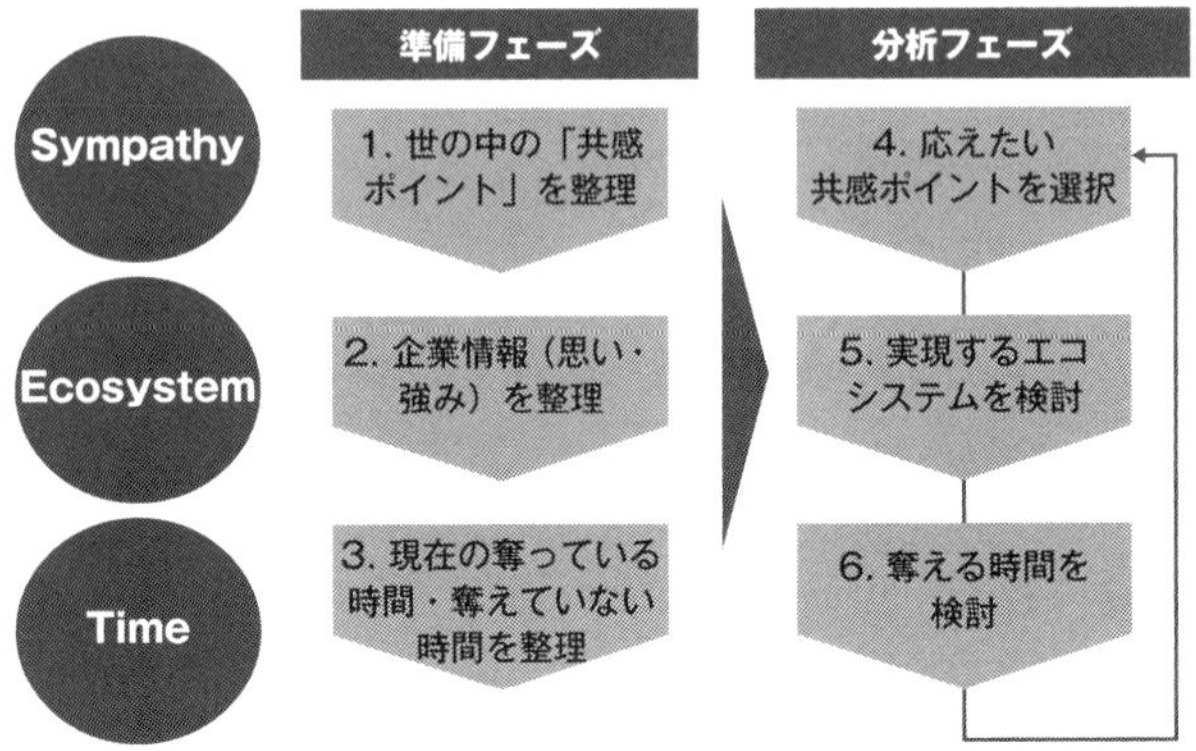

SET分析は、準備フェーズと、分析フェーズから構成される

ャンスが数多くあるということでもある。

例えば、JALのような航空会社であれば、SET分析を行うことにより、その視点から他にどんな新規ビジネス創出の可能性があるかが見えてくる。参考までに一般的な航空会社を想定して、実際にいくつかのアイデアをSET分析で検討してみよう。

SET分析の手順は、準備フェーズと分析フェーズに分けられる。準備フェーズの第一段階として、世の人々がどのようなことに共感を覚えるのか、その共感ポイントを整理しておくことが重要だ（ちなみに我々は、これまでの経験から、世の中の共感ポイントとなり得るものの項目を立て、可能な限りをリストアップしている）。

■SET分析の実行

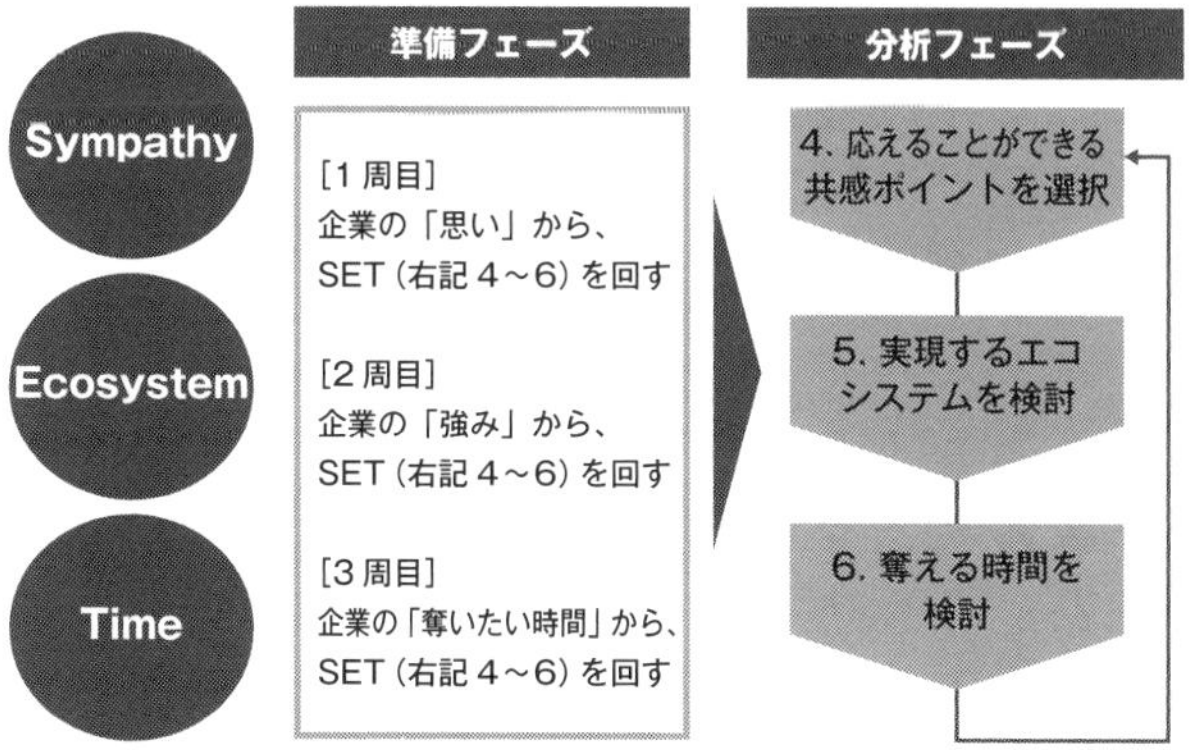

実際にSET分析を実際に行ってみる

続いて、自社のリソース（企業情報）を整理し、企業理念やビジョン、リソース、コンテンツなどを明確に把握する。

そこから、自社が「現在奪っている時間」と「奪えていない時間」のそれぞれを整理する。ここまでが準備フェーズとなる。

そして、分析フェーズに入る。ここで「企業の思い」「企業の強み」「奪いたい時間」というそれぞれの観点から、「応えたい共感ポイント」「それを実現するエコシステム」「奪える時間」を検討して、アイデアをどんどん出していくのだ。

「企業の思い」として「挑戦する人を応援する」という理念を打ち出しているような航空会社であれば、スポーツに真摯に取り組む少年・少女たちの「本場でスポーツを体験したい」という希望（共感ポイント）に応えられるのではないか、というアイデアが出てくるかもしれない。ここを起点として、その共感ポイントを実現するためのエコシステムを検討する。まず、航空会社の強みとしてインバウンド（外国人の訪日旅行）へのリーチ力、海外ネットワーク、高いブランド力を持っていることは自明である。そこに外部リソースとして、学校の部活動やスポーツ施設、スクールなどと提携することによって、「武道に取り組む外国の子どもたちに向けた日本での武道体験」や「日本のサッカー少年・少女に向けた欧州でのサッカー体験」といった事業に実現可能性があると考える。これを実現できたら、通常は航空会社として奪えている「移動時間」の他の時間帯も奪うこともできる。

続いて、「企業の強み」として安心・信頼を担保するブランド力、高い教育ノウハウを持っていれば、他社のスポーツ施設やインストラクターといった外部リソースと連携して「多様なスポーツが体験できるスクール運営」というアイデアが出てくる。それにより「子どもに様々なスポーツを体験してもらいたい」という共感ポイントに応えられるし、それを推進することは企業の思いにも合致するだろう。そして、「移動時間」以外の「学生の放課後の時間」といった航空会社が奪えていない時間を奪うことにつながる。

「奪いたい時間」からも検討してみよう。ここで「ビジネスパーソンの移動後の時間」をターゲットとする。そこから、どのような共感ポイントを与えられるか検討すると、「利用客の健康意識を高めたい」という発想から、「どこにいても、ストイックに運動したい」と感じている多くのビジネスパーソンの共感ポイントを満たすことができるのではないかというアイデアも生まれる。

では、それを実現するためのエコシステムを考えてみる。自社リソースとしては数多くのビジネスパーソンが利用顧客として存在するほか、空港カウンターというスペースがある。そこで外部のフィットネスクラブやウェアメーカーなどと連携することができれば、空港カウンターにフィットネス器具を設置する「出張中の運動応援プログラム」というプランができるだろう。

このようにSET分析を繰り返すことによってアイデアは次々に生まれてくる。出てきたアイデアを、先に紹介した価値創造フレームワークで整理していくことでコンセプトを明確にし、そこからマネタイズモデルを固めていけば「スポーツ×α」の新規ビジネスの事業計画書が完成する。

SET分析はあらゆる業種に応用可能

先ほどのシミュレーションでは航空会社を例にしてみたが、もちろんあらゆる業種の企業で同じようにSET分析を適用することができる。

自分たちの商品やサービスと、スポーツというコンテンツをどのように組み合わせることができるのかを考えていくときに、SET分析を用いることで網羅性のある検討が可能になる。それによってどんどん新たな「スポーツ×α」の新規ビジネスが誕生してくるだろう。本書を出版したのは、無限の可能性を生み出す可能性のあるこのSET分析のコンセプトを伝えたかったことが大きい。

もちろん、SETという視点は我々の経験によって開発した新しい視点であり、急激に世の中が変化する中で今後ブラッシュアップしていく必要はある。しかし、スポーツビジネス市場は急速な成長を期待されている分野であり、新規参入するなら今こそが好機である。SETのようなこれまでの枠組みにとらわれない新たな発想で、各企業がそれぞれの強みを連携させてスポーツにおける新たなコトビジネスを創出し、スポーツビジネス市場を拡大していくことが重要になるはずだ。

4章

スポーツビジネス市場の拡大に向けて

2020年の東京オリンピック・パラリンピック開催などビッグイベントを間近に控えている今、日本がスポーツビジネスの成長の波に乗るための絶好のチャンスが訪れている。現在、スポーツビジネスの分野で、どのような新たな取り組みがなされているのか、また今後どのような分野で成長が期待できるのか。「データ分析・活用」「タレント発掘」「人材育成」「マーケティング支援」「次世代スポーツ」「スポーツベッティング」「スポーツツーリズム」――。有望な新領域を見ていこう。

2章でスポーツビジネスの現状における課題について指摘したが、課題があるということはビジネスチャンスがあると捉えることもできる。そのため、日本でもそのビジネスチャンスを掴もうと、多くの企業が動き出している。課題解決を進めながら、スポーツビジネス市場の規模拡大に向けて少しずつ前進しているといった状況だろう。

2019年ラグビーワールドカップ、2020年東京オリンピック・パラリンピック開催など世界的なビッグイベントを控えている今こそ、成長の波に乗るための絶好の機会である。現在、スポーツビジネス市場では、どのような取り組みが進められているのか、また、今後どのような分野で成長が期待できるのか——。有望なビジネス領域を見ていこう。

データ活用による新たな価値創造

現在、目覚ましい進歩を遂げるICT（情報通信技術）がスポーツの分野に与えている変化は、革命とも呼べるものだ。近年、ウェアラブル（着用する）センサーなどの普及によりアスリートに関するデータ収集が容易になってきたことが背景にある。

身体やコンディションに関するデータの他に、パフォーマンス時の動作、心拍数、走行距離、スプリント（短距離のダッシュ）回数、位置情報などの計測が容易になったため、戦術立案やトレーニングのレベルアップなどに利用できるようになった。データ活用の取り組みがスポーツの世界に浸透し始めている。

データ活用によるパフォーマンス向上

様々なデータがスポーツ分野で使われるようになっているが、特に注目されているのは、選手の「パフォーマンス分析」や、分析結果に基づく「パフォーマンス向上」の分野である。あらゆるモノがネットにつながるＩｏＴやＧＰＳ（全地球測位システム）といった技術が活用されている。例えば、ＩｏＴ機器を野球のバットに装着すれば、スイング速度や回転半径、ヘッド角度などを計測・分析できる（ミズノが「スイングトレーサー」という名前で商品化している）。

またＧＰＳにより選手やボールなどの動きを追尾するトラッキングシステムも急速に普及している。この数年で、データを取得するツールの小型化・低価格化、センサーの高機能化などにより活用しやすくなり、データ分析をスポーツに活用する「スポーツアナリティクス（スポーツに関するデータや数値の分析）」の分野が一気に花開いた。分析結果は個々の選手の育成や練習、試合の分析や評価、コンディショニングなどに活用可能だ。

サッカー日本代表では2016年、豪カタパルト社のGPS搭載ウェアラブルセンサーを導入、選手の走行距離や一定速度以上で走った回数、体の傾き、消費エネルギー、心拍数、疲労度などを把握・分析し、練習に役立てている。収集したデータから個々の選手がこなせる練習の強度や量がわかり、練習量の調整を通じてケガ防止にも役立つ。JリーグやBリーグの複数のチームでも同センサーを導入している。

また、サッカー元日本代表の本田圭佑選手も自身がプロデュースするウェアラブルセンサー「Ｋｎｏｗｓ（ノウズ）」を開発・販売しており、アマチュアの育成年代も利用できる価格帯となっている。本田選手がプロデュースしたこともあり興味深い指標を持っている。それは「根性値」という指標であり、選手があとどのくらい頑張れる根性があるのか、ということを可視化する取り組みだ。「根性」という定量化の発想など思い浮かびそうもないものを、あえて定量化する試みが非常に面白い。

野球は従来からデータ活用が進んでいたスポーツの一つだが、近年、球界に大きなインパクトを与えたのが、「トラックマン」である。ＭＬＢ（米メジャーリーグ機構）では、ピッチャーの投球の速度や回転数、打球の角度や飛距離などをレーダーにより算出する「トラックマン」と専用カメラで選手の動きを追跡する「トラキャブ」を組み合わせ、試合中継中にそのシステムから得られた情報を提供できる。選手の動きや、打った瞬間のボールのスピードなど、パフォーマンスに関する多様な生データを取得して分析、即座に観客や視聴者に伝えることで観戦の楽しみを倍増させている。

日本でも、現在はほぼすべての球場でトラックマンは導入されており、詳細なデータを取得できる環境になっているが、メジャーリーグのようにメディアと連動したサービスまでは展開できていない。同じようなサービスが展開されると、新たな面白さや価値を生み、試合をみる人が増加してメディアのビジネスが拡大する可能性がある。

Ｊリーグでも、Ｊ１の全試合の選手、ボール、審判の移動データを前述のトラキャブで取得している。トラキャブは１秒間25フレームの映像から取得した選手の座標位置を基に、各選手の走行距離やスプリント回数、トップスピード、プレーの成功率などを算出。それらのデータは視聴者に提供されるほか、選手のトレーニングにも活用できる。

また、パフォーマンスだけでなく、メンタルのデータも活用する方法が登場してきている。メンタルなのでIoTで取得というわけにはいかないが、現時点のメンタル——特にモチベーションが何によって向上するのかということは、簡単なアンケートで確認できる。アスリートによって、人と競うことがモチベーションにもなれば、プレーを楽しむことがモチベーションになる場合もあり、それぞれの選手の特性をふまえてトレーニングを行うという考え方である。コンディションについても株式会社ユーフォリアの「ONE TAP SPORTS」のようなアプリで簡単に記録・管理できる仕組みも普及し始めている。ONE TAP SPORTSはチーム全体のコンディションを数値化して管理することができ、試合当日にベストパフォーマンスを発揮できるコンディションに持っていくために利用されている。ラグビー日本代表が利用していることで有名である。これらの他に、アスリートとしての適性を確認する遺伝子検査も登場しており、速筋型なのか遅筋型なのかなどを判別することで、遺伝的特性に応じたトレーニングも可能になってきた。

このように、「する人」であるアスリートのデータを収集する仕組みは充実してきていることから、データを活用したパフォーマンス強化という取り組みが盛んに行わ

■データ活用の多様な目的例

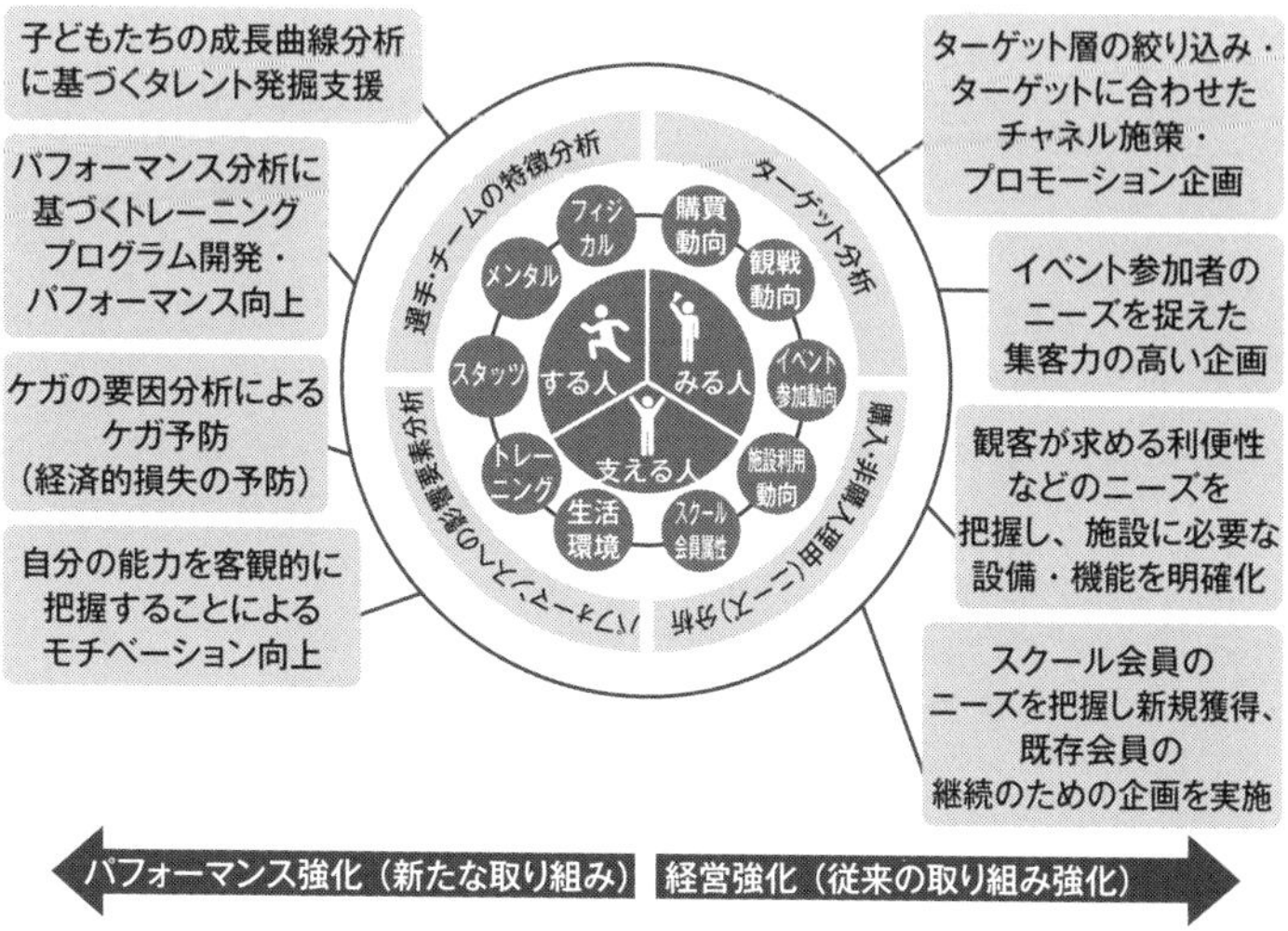

れるようになっている（上図の左半分）。

データ活用による経営強化

一方で、「みる人」、つまり観客（ファン）のデータに注目してみよう。観客は、チケットを購入し、スタジアムやアリーナで飲食物やグッズを買ってくれる。地方に移動すればそこで宿泊し、地元の飲食店でカネを落としてくれる。スポーツ界における重要な顧客基盤である。観客が、いつ、どこで、何を買ったのか、ということがわかれば、スタジアムやアリーナにおける商品配置の最適化やプロモーションはより効率的になることが容易に想像できる。

　しかしながら、現在のスポーツ界では、観客のデータは十分に収集できているとはいえない。誰が来ているかを把握するためのデータ元となるチケットは今も紙のチケットが中心であり、データ化が難しい。したがって、スタジアムやアリーナを訪れた人がチケットを購入した本人なのかどうかも確認が難しい状況である。観客のデータを活用したマーケティングは一部のチームが電子チケット化により実験的に取り組むのみで、まだまだ発展途上といえる。

　電子チケットが普及しなければ、データを活用したマーケティングは難しい。しかし、スマホを使えない人をどうするかなどの問題もあり、紙のチケットから電子チケットへ完全移行するまでにはまだハードルがある。とはいえ、電子チケットの普及は、スポーツ界の顧客基盤である観客を捉える重要なツールであり、チームの経営強化、スポーツビジネス市場の拡大のカギとなるだろう（前ページの図の右半分）。いずれ大きなビジネスチャンスとなることを見込み、電子チケットに参入する事業者も増えている。

パフォーマンス向上の具体的な取り組み事例

データを活用したパフォーマンス向上に話を戻そう。パフォーマンス向上には我々も多くのプロジェクトに取り組んでいる。実例を紹介しながら、そのポイントについて言及していきたい。

ケガの予防

フランスのサッカー1部リーグ「リーグ・アン」のチーム「ASサンテティエンヌ」に我々が協力したケースでは、データ分析ツール「HyperCube」を活用して「ケガの要因分析」を行った。トレーニングや試合で選手がケガをしたケースを大量のデータ（トレーニングおよび試合の全3万6472セッションにおける負傷767件）からデータマイニングの手法で非接触負傷518件を抽出し、負傷の要因を探ったのだ。

この分析によって「トレーニング中の負傷リスクはコーチによって異なる」「負けた試合では勝利した試合の2倍の確率で負傷する傾向にある」「ケガをした日の3日前からの運動負荷のかけ方によってケガをするリスクが異なる」などの結果を導き出

した。こうしたケガのリスクを高める要素をなるべく排除するようにトレーニングプランを変更することによって、ASサンテティエンヌでは実際にケガ人を減少させることに成功している。

なお、トレーニングプランを変更したことがケガ人の減少につながったともいえるが、要因はそれだけではないだろう。このような取り組みをチームとして行った時点で、ケガ予防に対する意識は高いといえるし、そうした意識の変化によりケガ人が減少したともいえる。

ただし、データというのは、監督・コーチ・選手の意識を変えることもできる。その点ではケガ人が減少したという結果は、データ活用の成果と考えてよい。

■運動負荷と負傷との関係

試合（負傷した日）の３日前からの運動負荷の組み合わせが、木曜日に「負荷・大」、金曜日に「負荷・低」、土曜日に「負荷・中」の場合、日曜日の試合で負傷するリスクが3.2倍高まるという分析結果を得た

日	３日前	２日前	前日	試合で負傷した日
曜日	木曜日	金曜日	土曜日	日曜日
運動負荷	250<W<530 ▶負荷・大	0<W<163 ▶負荷・低	30<W<225 ▶負荷・中	▶負傷

W：運動負荷を表す指標（いくつかの独自指標を組み合わせた数値）

【コラム】「HyperCube」により仮説を出す

私たちが保有するデータ分析ツール「HyperCube」は、もともと原子力廃棄物の放射能漏出パターンを分析するために、フランス原子力機関の要請で開発された分析ツールである。放射性物質の漏出事故はご存じの通りあってはならないことで、その予防のためにあらゆる情報から事故リスクを分析していく必要がある。その特性からHyperCubeでは、ターゲットとなる現象について、それが発生しやすい条件を説明変数間の相関を分析することで発見することができる。ケガの要因分析であれば、ケガにつながりそうな変数が1000ほどあったとしても、その変数の組み合わせも含め、現象全体を網羅的に探索し、ケガにつながりそうな要因を見つけ出すことができる。通常、アナログで分析を行う場合、「土のグラウンドだとケガをするかもしれない」という仮説を立てて、天然芝の場合、人工芝の場合と比較して検証をしていくだろう。仮説ありきで試行錯誤を繰り返し分析作業は進められる。しかし、このHyperCubeを利用すれば、ケガにつながりそうな変数（プレーしたグラウンドの種類など）を投入すればそのデータから、「土のグラウンドだとケガをするリスクが天然芝のグラウンドと比較して何パーセント高い」という結果を出してくれるのだ。

仮説を立てずとも、可能性の高そうな変数の組み合わせを見つけ出してアウトプットしてくれる。つまり仮説を出す、というツールであり、その仮説を見ながら、それが妥当なのかどうかは改めて議論・検証していくということになる。したがってHyperCubeを使えば、仮説を考える時間が短縮でき、かつ複数の変数を組み合わせた仮説が出てくるというわけだ（条件がAかつBかつCの場合はケガのリスクは2倍、というように）。

トラッキングによるトレーニングレベルの向上

また、我々は自らスポーツのプレイヤーという立場でも変革に取り組んでいる。セーリングチーム「チームアビーム」を保有しており、2016年のリオデジャネイロオリンピックにも出場している。このチームではSAPが開発した「SAP Sailing Analytics」を導入、各艇の状況（位置、向き、移動方向、速度など）や、風向きや風力などのデータをリアルタイムで把握して分析している。これまでセーリングのコース取りなどはコーチや選手の経験に裏づけられた「勘」が頼りといった部分があっ

■セーリングチームが導入したSAPのシステム

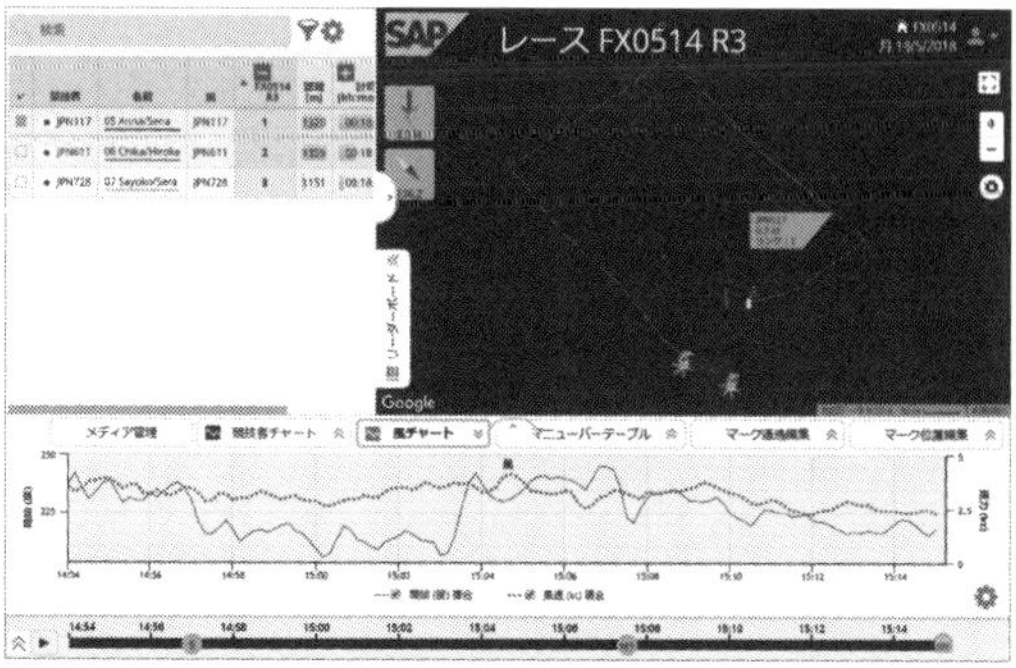

艇の状況（位置、向き、移動方向、速度など）と、風向きや風力などの外部データをリアルタイムで管理・分析できる

たが、操舵作業や風向き、ライバル艇の動きなどをトラッキングし、データで可視化できるようになった。これにより、自分たちのコース選択が正しかったのかを客観的に検討できる。最適なコース検討に活用してトレーニングの精度向上を進めている。このデータ分析力を駆使することによって、「チームアビーム」は２０２０年の東京オリンピック出場・メダル獲得を目指している。

トレーニングや試合から生み出される各種データを活用して、チームのパフォーマンス向上に取り組んでいる事例をもう一つ挙げておこう。

我々はＦリーグ（日本フットサルリーグ）の名古屋オーシャンズと、２０１７年からデータ活用を通じてチーム強化を図るプロジェクトをスタートさせた。このプロジェクトでは「コンディショニングデータ」「フィジカルデータ」「試合データ」という3種のデータに着目して、それぞれのデータを収集、分析、可視化することによって、選手のトレーニングへのフィードバックや試合での戦術、パフォーマンス向上に活用している。これらのデータ収集方法や可視化には多くの方法があるが、今回のプロジェクトでは、他のチームも活用できるソリューションとなるよう、できるだけコストを抑えたツールを組み合わせることとした。

コンディション・フィジカル・試合データの活用

「コンディショニングデータ」「フィジカルデータ」「試合データ」という、3種のデータについて説明しよう。

【コンディショニングデータ】

日々のトレーニングの中で選手がどの程度疲労を感じているのかを測定し、最も良いコンディションで試合当日を迎えられるようトレーニングの強度をコントロールすることを目指している。もっとも、実際には「疲労度」自体を計測することはできないため、自覚的運動強度（RPE：Rate of Perceived Exertion）という指標と、練習前後の体重変化を基にした運動強度の算出により、トレーニングの調整を行っている。

この仕組みには、「ONE TAP SPORTS」（株式会社ユーフォリア）や「Qlik Sense」（Qlik Technologies,Inc.）といったアプリケーションツールを採用し、「選手自らがデータ入力」し、「コーチがデータを確認する」というサイクルを回す環境を整備した。

【フィジカルデータ】

測定可能な「運動能力」のデータから選手の特徴を捉え、弱点となるべき部分を示唆する分析を行い、選手のトレーニングメニュー

■名古屋オーシャンズにおけるデータ活用

	コンディショニング	フィジカル	試合（スタッツ）
狙い	●日々の疲労度を把握し、次の試合に向けたコンディションづくりに活用	●選手の特徴を把握し、強み・弱みの発見、改善ポイントを抽出	●スタッツデータを分析し、トレーニングや試合の戦術へ展開
データ	✓トレーニングに対する疲労度 ✓トレーニング前後の体重の変化	✓運動能力（走力など） ✓下肢筋力 ✓スポーツビジョン	✓プレーの種類、発生場所 ✓セットプレーのパターン

の改善やトレーニングに対するモチベーションアップを目指している。
例えば、走力データ（10ｍ走タイム、初速、最高速）はチーム平均以上であるにもかかわらず、アジリティ（敏捷性）テストのタイムが悪い選手がいたとすれば、この選手は動作を切り替える際の体の使い方に問題がある可能性がある。このため、アジリティテスト時の動作を撮影し、動作（頭の位置、重心の移動のさせ方、ステップワークなど）の見直しを提言する。データの可視化には「Qlik Sense」、動作解析には無料で利用できる「Kinovea」を採用し、選手とコーチの対話の中で活用している。

【試合データ】

チームで決められたプレーの種類の発生時間・場所や、選手の出場時間・プレー成功率といったデータを分析し、次の試合に向けたトレーニングメニューに反映することを目指している。対象とするプレーを定義し、実際に撮影された試合の映像に「タグ（プレーの種類、場所、選手など）」を付与することにより、映像の整理とデータの抽出を行えるように整備している。
我々はデータ活用のための環境構築のほか、コンディショニングデータ・フィジカルデータを日々分析しコーチと膝を突き合わせて議論し、試合データの分析を毎試合行うなど、名古屋オーシャンズの分析パートナーとしてチーム強化のための支援を継続してきた。名古屋オーシャンズはFリーグ2017~2018年シーズンに見事優勝を飾り、2年ぶり10度目のリーグチャンピオンに輝いている。

モータースポーツでの挑戦

我々のデータ活用と分析ノウハウは、モータースポーツ分野のマシンの走力向上にも活用されている。もともとモータースポーツの世界ではマシンに取りつけられた数百ものIoTセンサーから取得される「車両速度」「ブレーキ圧」「タイヤのパフォーマンス情報」をはじめとする車両データからなる、ビッグデータを取り扱っている。そのため監督、ドライバー、エンジニアのデータに対するリテラシーは他のスポーツと異なり、総じて高いレベルにある。

我々は2016年からスペシャルチームを編成してモータースポーツにおけるデータ分析支援を開始。「スーパーフォーミュラ」に参戦しているレーシングチーム「REAL RACING」とのプロジェクトでは、膨大なビッグデータを基に「いかにラップタイムを短縮させるか」「いかにレースで順位を上げるか」を目的として、そのために必要となる解析・分析ツールを開発してきた。

　また、2018年9月に我々はモータースポーツにおけるレーシング用のデータ分析装置およびプログラムを開発し、特許を取得した。これはレース中に得られる多様で膨大なデータから有用なデータのみを自動的に選択し分析、わかりやすいビジュアルにしてひと目で伝わるように表示できるシステムだ。今、何が起きているかをドライバーが知るうえでとても便利なツールといえる。

　どこのカーブで誰がどれだけの速度で走っているか、カーブでドライバーはどういう操作をしているか、そのときの速度、エンジンの回転

「スーパーフォーミュラ」に参戦している「REAL RACING」
（写真：REAL RACING）

数、タイヤのパフォーマンス情報、ブレーキ温度、車体の重心点、車体にかかるGフォース（重力）量、ロール（横に傾く力）量、サスペンションのストローク具合、ドライバーの心拍数――こうしたデータを、レーシングチームの監督やスタッフは、パソコンやタブレットで確認する。一度に大量のデータを数値で見ても、人間はすみやかに的確な判断を下すことはなかなか難しい。だが、このプログラムを使うことによって、判断に必要なデータを瞬時に把握できるようになるのだ。

２０１９年１月には音声により現在のレース状況を回答するチャットボット（自動会話プログラム）を開発し、こちらも特許を取得している。ドライバーはレース状況について――例えば、自分の前後にいる選手は誰なのか、ラップタイムはどのくらいなのか、などということをチームと無線でやりとりするのだが、ドライバーからの質問に対して、答えを調べるのには時間がかかる。このチャットボットを使えば、ドライバーが「前を走ってるのは誰？」と聞けば、その選手の名前、ラップタイム、あと何周で追いつくかといった情報を音声で返してくれる。レース以外のスポーツも同様であるが、重要なのは情報伝達のスピードである。一瞬の判断が勝敗を分けるレースでは、情報をわかりやすく、速く伝えることが重要なのである。

また、2章でも紹介したが、我々は2017年4月よりレーシングドライバー・佐藤琢磨選手とパートナー契約を締結して支援している。その一環として、パフォーマンス向上のためのデータ分析・活用を行っている。佐藤琢磨選手は2017年5月28日（現地時間）にアジア人として初めて「インディ500」で優勝を果たした。さらに2018年9月2日（同）の米国ポートランドで開催されたインディカー・シリーズ第16戦では、この特許に基づいたシステムを活用し佐藤琢磨選手は優勝している。その好走に本システムが貢献した。いわば、スーパーフォーミュラで培った技術がインディカーに輸出されたような形だ。

佐藤琢磨選手については、レースに関連したパフォーマンス向上だけではなく、マーケティングサポートの面でも新たな試みに取り組んでいる。これは仮想現実（VR）とスマートフォンの技術を活用した最先端の「3Dヒーローカード」ともいうべきアプリケーションだ。これは高解像度カメラで佐藤琢磨選手の全身を撮影し、音声などのデータと組み合わせることで360度の立体的な3D映像を作成。ユーザーは専用アプリとVR（仮想現実）ゴーグルを使うことで3D映像の佐藤琢磨選手とインタラクティブなやりとりが楽しめる。こちらも我々が特許を取得している技術であり、モ

複数の特殊カメラで撮影（下の写真参照）したデータを基に制作した佐藤琢磨選手の「3Dヒーローカード」。VRゴーグルを通じてインタラクティブなやり取りができる（写真：アビームコンサルティング）

360度の立体的な「3Dヒーローカード」の撮影風景（写真：アビームコンサルティング）

ータースポーツのみならず、他の競技のプロモーションツールとしても活用していく予定である。

スポーツ界でのデータ活用人材の育成が急務

このようなデータ活用は今後も拡大していくだろう。しかしながら、現状は進化途上の時期であり、我々も試行錯誤を繰り返しているのが実情だ。

例えば、取得したデータをパフォーマンス向上に活かしたくても、チーム側において、データ活用のノウハウの不足や、データ活用を可能にする人材が少ないことがボトルネックとなり、データは十二分にアスリートの能力向上に活かされているとはいい難いケースがある。データ分析の結果をトレーニングに落とし込むには、競技の本質を理解しているコーチやアスリートの協力が不可欠となる。また彼ら自身もデータ活用に精通する必要がある。心拍数、スプリント数、走行距離…といった様々な種類のデータのうちどのデータを重視し、どのデータはスルーして、どのようにトレーニングに活かしていくか——そうしたデータに対する理解力がコーチやアスリートには必要だ。しかし、データ活用は近年急速に注目されてきた分野であり、それを十二分に活用できる人材が従来のスポーツ業界にはなかなか見当たらない。データという重要資源を有効活用するための人材育成に急ピッチで取り組むべきだと考えている。

アナリスト志向ではなくアスリート志向のテクノロジー

パフォーマンス向上のためのテクノロジーに対する関心は非常に高い。多くの学生がスポーツ領域のデータアナリストを志望する状況にもなっている。しかし、我々も陥りがちではあるが、「最新のテクノロジーをどう使うか」という考え方に陥らないよう気をつけなければならない。何のためにデータを活用するのかといえば、アスリートのパフォーマンスを向上するためである。その目的を履き違えると、アスリートにとって使いものにならないテクノロジーができあがってしまう。パフォーマンス向上につなげるポイントは「わかりやすさ」と「スピード」である。

あくまでもアスリート志向でテクノロジーを活用していく姿勢が必要であり、そのためには机上の分析ではなく、アスリートと向き合って課題を洗い出し、その課題に対応するテクノロジーを活用していくことが重要となる。

なお、そのようにして生まれた新たなテクノロジーも、チームの投資スタンスや、チーム内の人材不足の問題から「売れる」とは限らないのも現状である。その点では、技術力の高い日本が生み出したアスリート志向のテクノロジーが埋もれてしまわないよう、アジアなど国外への輸出を検討することもマネタイズという観点では有効だろう。

スポーツ分野における才能発掘と育成マネジメントの近未来

運動能力に優れたタレントの発掘・開発分野も、今後大きな進展が望める分野の一つだ。例えば「有望なポテンシャルを持ったアスリートの発掘」は、プロのリーグ・チームや国・スポーツ庁の最大の関心事の一つなのである。

素質のある選手をうまく発掘すれば、スター選手を育成できる可能性が高まる。だが「日の丸」を背負って国際舞台で戦うレベルのアスリートの発掘であれば、恒久的で大きなスキームが必要になる。具体的には才能の発掘のために、国家レベルでデータベースを構築し、そこに多くのアスリートのデータを経年的に蓄積していくといった仕組みである。

「ジャパン・ライジング・スター・プロジェクト」とは

実は、既にそうした取り組みは動き出している。2017年にデータを活用したタレント（能力）発掘の取り組みが国家プロジェクトとしてスタートしたのだ。鈴木大地スポーツ庁長官が打ち出し、日本スポーツ協会が主体となって推進している「ジャパン・ライジング・スター・プロジェクト」だ。このプロジェクトは、2020年の東京オリンピック・パラリンピックやそれ以降に活躍が期待できる選手を発掘・育成することを目的としたものである。

鈴木長官が、甲子園でレギュラーになれない体格のいい子どもたちの姿をみて、他の競技に転向したら活躍できるのではないか、と考えたことがきっかけだ。ユニークな発想であるが、確かに可能性はある。そこで、運動能力に自信のある中高生アスリート、パラアスリートにフィジカルデータや大会成績を登録してもらい、スクリーニングをかけて有望なアスリートを見出すことを目的にこのプロジェクトは始まった。メダルを獲れるポテンシャルを秘めたアスリートを全国から探し出し、それぞれ適性のある各競技団体とマッチングさせ強化を図っていく。

この制度で選抜された子どもたちの中からオリンピック・パラリンピックのメダリストが数多く出てくるようになれば、さかのぼってデータベースの中に蓄積されたその子どもたちのデータの分析もできるようになる。そこから、「ある競技でメダリストになるアスリートの小学生時代の特徴」が解明されてくるはずだ。そしてその結果は、さらに新たなタレント発掘に活用できるようになる。日本スポーツ界にとって意義のあるプロジェクトだ。

発掘した選手がパラスポーツで活躍中

ジャパン・ライジング・スター・プロジェクトについてもう少し、ここで紹介しておこう。このプロジェクトの年間を通したタレント発掘のスケジュールは、以下の3ステージからなっている。

【第1ステージ】：ウェブサイト上のフォームからエントリーし、登録内容を元に測定会への選考が実施される。

【第2ステージ】：測定会で実際に身体能力を測定し、様々な種目での測定結果を元に合宿への選考が実施される。

【第3ステージ】：合宿を通して本人の資質を見極め、最終的に各競技団体の育成パスウェイに乗っていく。

上記3ステージの審査をすべて通過すると各競技団体が主催する強化・育成コースのメンバーとなり本格的にオリンピック・パラリンピック出場に向けたトレーニングを行っていくことになる。

2017年度の第一期生募集では、オリンピック・パラリンピック合わせて1303人の応募があり、そのうち60人が各競技団体の強化・育成コースの対象に選出された。その中でも特に活躍が目覚ましいのが、パラ・パワーリフティングの森崎可林選手だ。森崎選手は競泳からパワーリフティングに競技転向後、全日本パラ・パワーリフティング選手権大会に出場し、見事優勝を果たした。彼女はまだ現在高校生だ。2020年東京オリンピック・パラリンピックではさらに成長を遂げ、世界の舞台でメダルを争う選手となるのではと注目されている。このジャパン・ライジング・スター・プロジェクトは日本のタレント発掘事業の進展における「大きな一歩」といえる。

多様なデータの組み合わせが新たなビジネスを創出する

　有能なアスリートを見出すためのデータには、主としてフィジカルデータ（身長・体重などの基本的なデータや、様々な身体能力のデータ）やパフォーマンス時のデータがあるが、これらは有能なタレントを発掘する際に活用できるだけでなく、別のデータと組み合わせることで、さらに有益な示唆を得ることもできるデータでもある。例えば、スキル、成績、メンタル、コンディション、生活環境（食事の内容など）といったデータを組み合わせて分析することで、「新たな価値」を創出できるのだ。

　具体的にいえば、膨大な蓄積データから、「朝ごはんにお米を食べている子どもは足が速い」という結果が出てくるかもしれない。その場合、日本のコメ業界はそのデータに大きな価値を見出すことになる。新たなスポンサーシップが可能となるだろう。あるいは、メンタルとコンディションの関連性にも何らかの示唆が見られるかもしれない。こうした分析はアスリート以外にも有効なはずだ。つまり、スポーツに関する様々なデータから、異なる分野で新たな価値が生まれ、スポーツ以外のビジネスにも発展し得る可能性がある。

【コラム】民間主導でタレント発掘を目指すアローズジム

ジャパン・ライジング・スター・プロジェクトは、行政であるスポーツ庁が主導するタレント発掘の仕組みだが、スポーツ科学を武器に民間主導でタレント発掘に取り組む会社がある。アローズジム&ラボを運営する株式会社日本スポーツ科学（山下典秀・代表取締役）だ。同社はスポーツ科学に基づき、中高生の基礎体力向上を図るジム、および自分の基礎体力を詳細に測定するラボを運営している。既に多くの中高生のデータを蓄積・研究しており、3種類のジャンプの測定結果に基づき、50m走のタイムを予測する診断プログラムなども開発している。こうした診断に基づいて、それぞれの子どもの能力に合わせたトレーニングを行っている。

また、アローズでデータを測定し、トレーニングしている子どもたちは2019年2月現在1800人以上とのことであるが、この中から国際大会で活躍するアスリートが生まれる可能性がある。そうしたときにアローズはそのアスリートの子ども時代のデータを保有していることになるため、タレント発掘につなげられるということになる。メディアでも大きな注目を集めており、このようなスポーツ科学に基づいた育成が当たり前になれば、向いている競技や、向いているポジションなどがわかるようになる。子どもたちのスポーツに対する選択肢が増加し、日本のスポーツ界にとっても大きなメリットになるだろう。

アスリートだけでなくコーチや審判の育成も重要

スポーツにおいては、スポーツを「する人」であるアスリートだけではなく、「支える人」であるコーチや審判も重要な役割を果たしている。しかしながら、現在のスポーツ界においては、アスリートにのみ注目が集まっているのが現状だ。コーチや審判についても、アスリートと同様に有能な素質を持った人を見つけて育成していくことは大事なことである。とりわけサッカーやラグビーなどのスポーツでは、審判は選手と同じように走る必要があり、そのうえで的確な判断力も求められる。

こうした能力を維持するには、アスリートと同様、自己管理や訓練が必要だ。したがって、例えば「どの程度のフィジカルを維持しなければいけないのか」といった基準について、蓄積データから検証し、審判の質を維持・向上していくことはスポーツの発展にとって不可欠なことであると考える。

スポーツ界全体でみれば、下図のように、育成やタレント発掘をアスリートだけでなく、コーチ、スタッフ、審判にも行っていくべきである。そのための管理データは、スキル、フィジカル、スタッツ（プレー内容や成績に関する各種の数値）、メンタル、コンディション、生活環境、人的ネットワークなどが挙げられるだろう。どのような仕事でも人的ネットワークは仕事のつながりを生み出す重要な要素である。パフォーマンス向上という観点とは異なるが、人的ネットワークを把握しておくことは、そこから新たな価値を生み出せる可能性があると考えている。

■スポーツ界におけるデータ活用によるタレントマネジメントの全体像

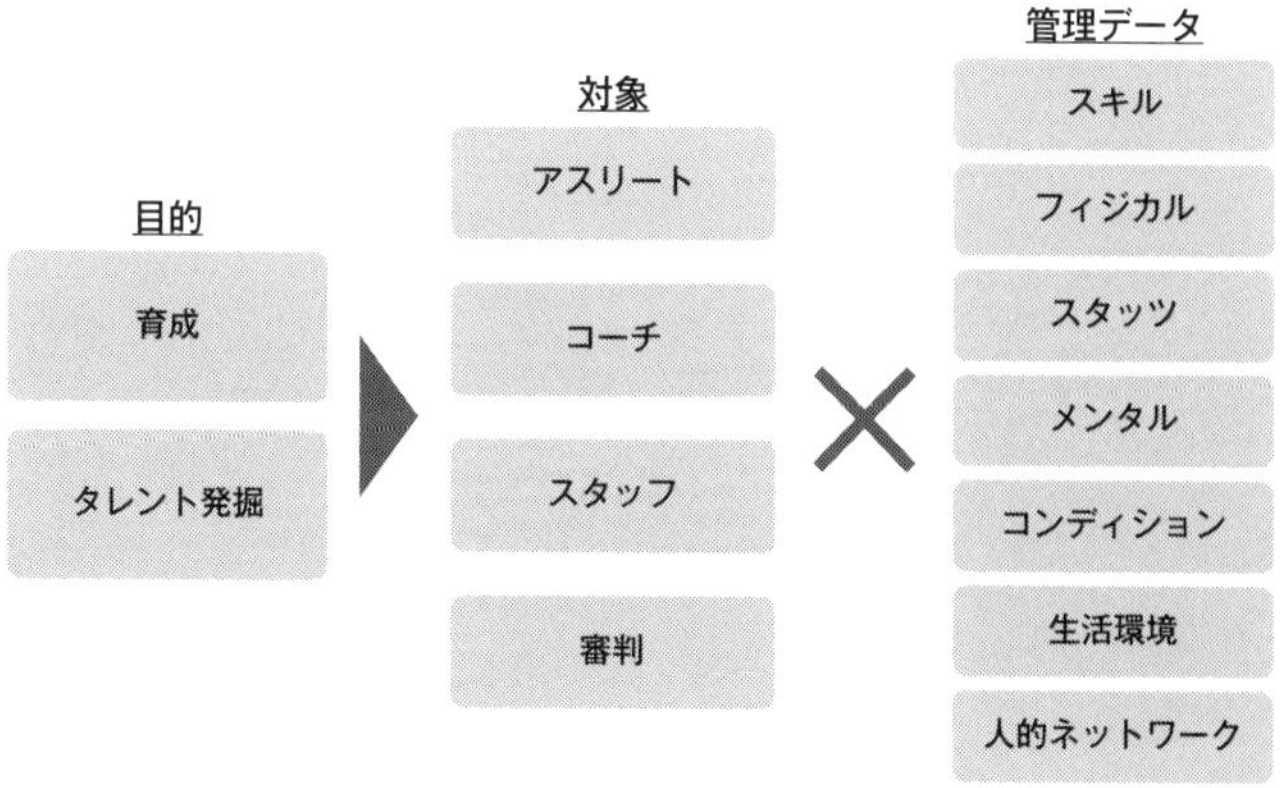

本田圭佑選手主宰のスクールの「コーチ」の評価基準をつくったケース

前述した通り、才能を育て、開発すべきなのはアスリートや審判だけに限らない。コーチも同じである。タレントマネジメントの一環として、サッカー元日本代表の本田圭佑選手が実質的トップを務める企業、ＫＳＫグループのソルティーロ株式会社とコーチの育成・評価の分野で協業したケースを紹介したい。

「ソルティーロ ファミリア サッカー スクール」という名前を聞いたことがあるだろうか。このサッカースクールは、２０１２年からＫＳＫグループが運営しているスクールであり、今やアジア最大級の規模を誇っている。このサッカースクールの育成方針は、単にサッカーの技術向上を目指すだけではなくて、「サッカーという『ツール』を使いながら成熟した大人になっていくために必要なことを学ぶ」ことを目的としている。「サッカーを通じた人格形成の場にする」「サッカーを通じて、夢を持つことの大切さを伝えたい」という本田選手の理念に基づいている。

ソルティーロは国内のほか、海外にもスクールを展開し、約90校（海外11校含む）の規模に拡大している。だが、スクールが大きくなるにつれて、直接、本田選手の人となりや考え方を把握していないコーチも増えた。このため、その理念をすべてのコーチに行き渡らせるのと同時に、コーチのモチベーションを高く維持するために、そして高い人間性と指導スキルを育んでもらうための評価システムの構築が必要となった。

システムの構築にあたって課題となったのは、結局のところ、エリアマネージャーからメインコーチ、ブロックマネージャー、アシスタントコーチまで、コーチ全員の意識改革だった。

このプロジェクトについては、ＫＳＫグループ　ソルティーロ株式会社 副社長の鈴木良介氏に次ページから語ってもらおう。

【インタビュー】 KSKグループ　ソルティーロ株式会社　副社長

鈴木良介 氏

1981年、東京都出身。静岡学園高校サッカー部、東京農業大学サッカー部を経て、欧州ほかでサッカーの指導などについて学び、イングランドサッカー協会のFAライセンスを取得。2010年に本田圭佑選手と出会い、本田氏が実質的にトップを務めるKSKグループに入る。ソルティーロファミリアサッカースクールを立ち上げ、現在は国内外約90校にまで拡大。（写真：都築雅人）

現在、豪メルボルン・ビクトリーFC所属のサッカー選手、本田圭佑が実質的トップを務める我々KSKグループ（ホールディングカンパニーの傘下に、ソルティーロ株式会社など複数の事業会社が入っている）は、「アスリートのセカンドキャリア支援事業」「スポーツ施設の運営」「スポーツのコーチと指導を受けたい人をマッチングさせるサービス」など、多様な事業を手がけています。その中の一部門、「ソルティーロ ファミリア サッカースクール」は子どもたちにサッカーを教えるスクールで、現在、アジア最大級の規模にまで拡大しています。

２０１０年に本田と私が出会ってから、サッカー教室を単発的に様々な場所で開催していたのですが、本田の希望はもっと選手を育てるしっかりとした流れを社会に根づかせたいというものでした。このため、２０１２年５月、「サッカーを通じて、夢を持つことの大切さを伝えたい」という本田の思いを基に、ソルティーロ ファミリア サッカースクールをスタートさせました。日本のほか、中国、タイ、カンボジア、ケニア、ウガンダ、ルワンダの海外６カ国（11校）にも展開、約90校にまで拡大しています。

サッカースクールですので、もちろんサッカーの技術を教えるのが主目的ですが、一個人としても成長できることを目指しているのがユニークなところだと思っています。本田は、「サッカーというツールを使って、子どもたちが大人になる過程で大切なことを学び、サッカーを人格形成の場としたい」といっています。スクールのプログラムは、そのような考えを持つ本田圭佑の理念に基づいてつくられています。

しかし、短期間で急速に大きくなったこともあり、すべてのコーチに本田の理念が浸透しているかという懸念が少しずつ大きくなりました。「もしかしたら、本田の理念はスクールの中で薄れてきてしまっているのではないか」と。ＫＳＫグループではスポーツに関連する様々なビジネスを行っていますが、サッカー教室も一つのビジネスである以上、社員であるコーチの能力開発についてしっかり考えなくてはなりません。ちなみに、一般に小学生などの児童を指導するサッカースクールでは、コーチは他に仕事を持っているアルバイトのケースも多いのですが、我々のグループでは「人材がすべて」という考えから、多くのコーチを社員として抱えています。それだけに、能力開発はコーチについても不可欠であり、ビジネスについても学んで一人前の社会人として成長してもらいたいと願っているのです。

コーチは、海外やグループ内のユースチームも含めると100人近くいます。そして、それぞれのコーチのキャリアやバックボーンは多様です。元Ｊリーガーの経験もあるけれどコーチの経験は少ない人や、プロ選手としての経験はないがコーチの経験はある人など。こうした背景があり、スクール事業をさらに強化していくためにも、スクールの理念の明確化やスクールの体質改善を進めることが必要でした。そのため我々は、アビームさんに協力していただき、企業向けの人材評価システムの仕組みを、コーチ育成と評価に活かしたシステムをつくりました。

同時に、この過程をすべてのコーチがビジネスパーソンとしての資質を身につける好機にしたいとも考えました。今はスポーツに関する様々なデータを最新の機器で収集して科学的に練習に活かせる時代です。人材開発や評価もスポーツの世界で最新のものにしたいと考えました。そのために、エリアマネージャーからメインコーチ、ブロックマネージャー、アシスタントコーチまで、コーチ全員の意識改革が必要でした。

プロジェクトの流れを大きくわけると、①目指すべき人材像を具現化したコンピテンシー（人材要件・タイプ）の整理　②成果やコンピテン

子どもたちを指導する本田圭佑選手（写真：HONDA ESTILO）

シーの従属度を可視化する評価の仕組みづくり　③その運用のためのシステムの導入――の3ステップで進められました。コンピテンシーというのは、能力の高いサッカーコーチの特性です。我々でいえば、「一人ひとりの子に寄り添って指導できていること」や、「コーチ自身が夢を持っていること」などを重視しています。

ただ、最も難しかったのは、こうしたコンピテンシーを定義する作業を進めていた際、本田圭佑の思い描く高邁な理念と、現場とのギャップを調整することでした。本田はご存じの通り、目標設定にあたって、とてつもなく大きな目標を立てる傾向があります。しかし、現場のコーチが皆、本田圭佑のように行動できるわけではありません。このため、当時、イタリアのACミランでプレーしていた本田の元に行き、膝を突き合わせて議論することで、具体的なコンピテンシーに落とし込んでいきました。これにより、指導の指針が明確になり、より現場に寄り添った形で生徒たちの指導に活かせるものにできたと思います。

もちろん、プロジェクトに参加したマネージャーやコーチは、コンピテンシーなどという言葉にはなじみがありませんでしたが、コンサルタントの方々が、わかりやすく導いていってくれたことで、次第に理解していきました。そして、理解できるようになると会社の未来について語れるようになり、作業が楽しくなっていったのです。

スポーツ関連の企業で一般企業レベルの経営ノウハウを持っているところはあまり多くはないのが現実ではないでしょうか。我々もそうでした。しかし、「なんとなく」マネジメントしていていては、約100人ものコーチのいるスクールのクオリティを高く維持していくことは困難です。また、サッカースクールで学ぶ子どもたちも、将来プロになるのはほんの一握りで、多くは一般社会でビジネスの世界に入っていくわけです。そうした子どもたちを指導する我々がサッカーしか知らないようでは、「サッカーを通じて人格形成をする」ことなどできません。

コンサルタントの方々と共同作業をしながらコーチの能力開発や評価制度をつくる体験をすることで、我々もビジネスの世界を学ぶことができました。今後、スポーツの世界では、ビジネスの世界において効果を出している様々な知見やノウハウを、このようにスポーツの現場に導入してくれるガイド役の存在がやはり必要になるのではないかと思っています。

今回、この仕組みをつくったことにより、評価が公正なものになったと同時に、スクールのマネージャーやコーチたちが、子どもたちに自信を持って夢を伝えていくことができる効果があったと思います。同時に、これをきっかけに、オフ・ザ・ピッチのときには、コーチたちに予算管理をしてもらったり企画を考えてもらうようになりました。そうした一般の社会人としての経験を積むことにより、仮にコーチたちがいつか一般企業へとキャリアを変えていくことがあったとしても役立つ経験になったと確信しています。

「マーケティング」支援でスポーツビジネスは生まれ変わる

リーグやチームといったコンテンツホルダーのほか、行政、スタジアム・アリーナの運営企業などに現在、最も大きく欠けているのは「マーケティング」の視点であると繰り返し述べてきた。言い換えれば、商品を販売する一般企業には当たり前の「マーケティング」がスポーツビジネス分野にも導入されれば、スポーツの市場は生まれ変わり、大きく拡大するはずだ。そして、チームのマーケティングを支援する事業も、今後は幅広いスポーツビジネス市場の重要領域の一つとなるだろう。

コトビジネスのマーケティングは共感ポイントに訴えるものだが、それを説明するための好事例としてスポーツくじＢＩＧの例がある。くじというのは当たらなければ何の価値もない。当たるかどうかのワクワク感などがその価値であり、まさにコトビジネスといえる。ＢＩＧは1等当せん金が最高6億円のくじであるが、日本スポーツ振興センターでは一時期、6億円の魅力訴求のキャッチコピーとして、「年収２００0万円が30年続く」というものを打ち出した。6億円というもののイメージがあまりにも高額でありイメージがつきにくいことを考えると、なんとなく手が届きそうで届かない、憧れをもてる年収が身近にあるというイメージができ、共感できる。５００0万円が12年、３０００万円が20年、ではやはり感覚が異なるだろう。

マーケティングとは詰まるところ、「売れる仕組み」のことだと考えている。それは消費者の立場にたって、欲しいものを用意し、欲しいと思わせ、欲しいと思ったときに買える状況をつくることだ。だが、日本のプロスポーツは従来、競技の「勝負」にこだわる一方で、この「売れる仕組み」にはあまりこだわってこなかったように思う。プロスポーツは、「ゲーム」という商品を販売して利益を上げる一種のサービス業であり、エンターテインメント業ともいえるのだが、顧客の満足度や観戦体験を向上させるためにどれだけのエネルギーを割いてきただろうか。ゲームに負けたら何も残らないのでは、どんな熱心なファンでもいつか離れていってしまう。プロスポーツは、エンターテインメント分野でマーケティング力に優れたディズニーランドのように、常に新しいものを発信し続ける力を見習うべきだろう。

フェンシング協会の大改革、マイナースポーツにも脚光

だが、ポジティブな事例もある。マーケティングの工夫次第で「マイナースポーツ」であっても「売れる」ようにできるという、最近の事例を紹介しよう。日本フェンシング協会の事例だ。

フェンシングは、日本フェンシング協会会長の太田雄貴氏がリーダーシップを取り急ピッチで改革を進めることで、人気が高まる兆しがある。2018年12月に劇場「東京グローブ座」で行った第71回全日本フェンシング選手権大会決勝では、日頃、ミュージカルが行われる劇場ならではの演出もあった。大型スクリーンを背景に選手を登場させるとともに、LED（発光ダイオード）電飾を張りめぐらせ、色彩豊かな照明で会場はショーアップされた雰囲気となった。

「選手の突きに連動したLEDパネルの設置」「選手や審判の心拍数のリアルタイム表示」「観客の応援声量を可視化」「AbemaTVによる全日本フェンシング選手権大会

の生中継」など、太田氏の斬新な改革により、従来のフェンシングのイメージを超えて娯楽性や話題性が高まっている。観客を飽きさせない工夫が矢継ぎ早になされたことで、全日本選手権では平均約5000円のチケットが完売したと話題を呼んだ。

一般にマイナーといわれるスポーツであっても、エンターテインメント性を高めれば多くの客を呼べる可能性をみせてくれた。すべての取り組みが成功するかはわからないが、太田氏のフェンシングの新しい魅せ方への挑戦、工夫は、他の競技関係者も見習うべきだろう。

■エンタメ性を向上　日本フェンシング協会の変革

2018年12月、東京グローブ座で開催された第71回全日本フェンシング選手権大会。選手の心拍数までが大型スクリーンに表示された　（写真：田村翔／アフロスポーツ）

【コラム】ワイングラス一つで変わる雰囲気

情報収集のため、年に数回、海外のカンファレンスやシンポジウムに参加することがあるが、２０１８年11月にアルゼンチンのブエノスアイレスで開催された「World Lottery Summit 2018」に参加したときの会場の雰囲気について紹介したい。

このサミットは、世界中の「くじ（lottery）」の胴元、オペレーターなどが参加し、２年に１回、情報共有を行うために開催されるものだ。そのため世界中から人々が集まるので、アルゼンチンの魅力を発信する機能もそのサミットの主催者は持っている。オープニングディナー、クロージングディナーもかなり盛大なパーティーで、日本で開催されるこの手のサミットでは想像がつかないエンターテインメントを提供してくれる。スポーツ領域の仕事を始める前まで、それほど海外のカンファレンス・サミットのエンターテインメントを意識していなかったが、あらためて参加者を楽しませることを重視しているということを知らされた。

その中でも特に印象に残ったのが、会場においてあるワイングラスである。このワイングラスはワインを飲むためにおいてあるわけではない。水やコーラなどを飲むためのものなのだ。海外では当たり前なのかもしれないが、ワイングラスが置いてあるだけで、その場の雰囲気がエレガントで明るいものになる。少なくとも私はなんとなくお洒落な気分になり、そのワイングラスで水を飲んだ。

小さいことかもしれないが、参加者が触れるもの一つとっても、それはその参加者に与える印象を変えるものになる。一方、日本のカンファレンスやサミットをみてみると、講演のテーマや内容重視で、場の雰囲気など全然気にしてないものがほとんどではないだろうか。実際、参加者のほとんどは講演の内容など後で思い出せばいいものなので、メモして終わる。しかし、身体が覚えているのは、その場が楽しかったかどうか、だ。その楽しいという感覚が、もう一度この場に来たい、と思わせる重要なポイントとなる。そのためには、水を飲むグラスを紙コップなどではなくワイングラスにすることが、参加者を惹きつけるエンターテインメントなのである。会社の会議室で取引先に水を出す際には、ワイングラスで出すのも良いのかもしれない。

コンテンツの魅力を高める視点

現状、人気スポーツのJリーグでさえ、財政的には苦しいチームが多い。コンテンツホルダーが経営面で抱えている課題をおさらいしてみよう。

●カネが生まれると選手強化（選手獲得、トレーニング環境整備）に注力して使う。
●そのため、マーケティング強化が後手になり、観客の満足度向上のための施策が不十分になりがち。試合（興行）で稼ぐこと以外の収入源への投資が行われない。その理由として、マーケティング部門の専門人材が不足している。
●したがって、ファンも飛躍的に増えないし、ファンが使うカネも増えない。売上規模は頭打ちとなる。

こうした状況から、総じていうと、コンテンツを活かせておらず、ファンがカネを払いたいというコンテンツが〝増えていない〟。リーグやチームの財政状況を改善し、継続的発展につなげていくためには、2章で提示した「魅力向上」→「ファン獲得」

↓「利益創出」のサイクルを回し続け、投資し続けることが必要となる。

なお、チームの魅力は様々である。勝利は魅力の一つの要素でしかなく、スター選手がいること、チームの歴史に紐づくブランド力など魅力は数多くある。

その中でも、スタジアム・アリーナは、重要な魅力の要素であり、うまくいけばスポーツ産業の大きなビジネスになり得る。

海外に目を向けると総じてサッカーの欧州選手権の舞台となるようなスタジアムはそれぞれユニークな特徴を持ち大きな魅力を創り出している。劇場や神殿のようにデザイン性に富んだものもあり、

■魅力向上の視点

勝利	データ分析によるチームパフォーマンス強化
優れた選手の存在	データ分析による個人パフォーマンス改善、育成強化
ブランド力向上	クラブのヒストリーづくり
優れたスタジアム設備・ホスピタリティ	VIP、スポンサールーム・カンファレンスルーム、混雑の緩和
試合そのものをより楽しめる	試合中のエンタメ提供（選手投票、リアルタイムスタッツ、リプレイアプリなど）
試合の前後で楽しめる	試合前後のエンタメ提供（シュート的当て、サイン会などのイベント、試合後の飲食クーポン配布など）
試合がない時間も楽しめる	最新クラブ情報の提供
身内感覚（自分のコミュニティ）	チーム接点の強化（スタジアム開放、SNS コミュニティなど）
特別感創出	シーズンチケット、ダイレクトコミュニケーション、顔認証による入場（顔パス）

欧州各地から集まった熱狂的なファンたちは夢のスタジアムに心を躍らされる。欧州のサッカースタジアムは、カジノやエキシビションホール、ホテル、ショッピングセンター、複合スポーツ施設などを近隣に持つものもあり、ファンたちは様々なエンターテインメントを楽しめる。スタジアムの細かな機能面にも目を見張る。英国ロンドン北西部にあり「サッカーの聖地」ともいわれる「ウェンブリースタジアム」は屋根のついたスタジアムとしては世界最大規模。ゲートごとにトイレがあり、その数は合計２５００カ所にものぼる。トイレの混雑は観客の満足度を下げるための対応である。また、ＶＩＰフロアはホテル並みの設備で特別感を演出している。スタジアムツアーも行われており、大変盛況である。

海外の先進的スタジアムでは多くのデジタルサイネージが設置され必要な情報が掲示されたり、ライブ映像に広告がオーバーレイするといった演出も行われる。快適な無線ＬＡＮ（Wi-Fi）環境も整いＩＴ武装したスタジアムが増える傾向にある。スタジアムでは一般の施設と違って一度に何千、何万人が回線に接続しようとすることとなるが、近年は「高密度Wi-Fi」の設置により大型スタジアムでも快適な通信ができる場所が多い。高密度Wi-Fiが導入されれば、スマホの専用アプリなどのサービスの使い勝手が向上する。

利便性の向上に関して入場のゲートでは、ＱＲコードによるチケットチェックの高速化が国内外で進んでいるが、今後は音楽のコンサートのゲートを通過する際に使われているような、顔認証による「顔パスシステム」もスポーツイベントで一般化するのではないだろうか。顔パスシステムは、セキュリティ分野での貢献が期待されているがファンに対する「特別感」も与えることができると思う。

ただし、海外のスタジアムやアリーナの機能が素晴らしいからといって、それをそのまま真似するのはダメだ。「消費者の立場で欲しいものを用意する」ことが重要である。では消費者というのは誰なのか。そのスタジアムやアリーナを最もよく使う人たちだ。それは紛れもなく地域住民・企業だろう。海外事例を参考にするのは問題ないが、その裏にある「なぜそのスタジアム・アリーナではその機能が必要だったのか」というところまで把握した方がいい。それが地域のニーズと合致するならば参考にすればよいだろう。そのようなスタジアム・アリーナが構築されれば、ビジネスとしてのポテンシャルは大きくなるはずだ。

【考察】試合（興行）におけるACE評価

「試合を楽しむ」という魅力の要素を高めるための視点も紹介したい。これは実際の試合（興行）において、どのような体験に価値を感じたかという視点をまとめたものだ。

試合（興行）の魅力を高める要素は、①観戦のしやすさ・情報の得やすさ（Accessible）、②快適さ・心地よさ（Comfortable）、③感動や興奮のしやすさ（Excitable）の3つであり、この頭文字をとってACE評価と呼んでいる。

①観戦のしやすさ・情報の得やすさ（Accessible）

試合会場に行きやすいことは重要であり、入退場がスムーズであるとストレスは少ない。また、チームや選手に関する情報を得られる仕組みも必要で、それらの情報が試合中にわかることが重要となる。特にアウェー側のチームや選手の情報を試合が始まる前に把握しておくと、試合をより楽しく観戦できるものだ。また、チームや選手との心理的・物理的な距離の近さも重要だ。物理的に遠いのは結構きつい。観客席からプレイヤーが豆粒のように見えるスタジアムでは再度行く気がしなくなる。興行主としては、会場選びも重要なのである。

②快適さ・心地よさ（Comfortable）

試合を見ている間は快適で心地良くいたい。座り心地が悪い座席で数時間過ごすのは勘弁してほしいだろう。「これなら家のソファーでくつろぎながら見た方がいい」と思われたら負けなのだ。トイレの数や清潔さも重要となる。アメリカのスタジアムでは、使用者がトイレの清潔さに応じ、○・△・×のようなボタンを押すことにより、リアルタイムでどこのトイレが汚れているかを知らせ、すぐに清掃員を配置するような仕組みもある。

③感動や興奮のしやすさ（Excitable）

■「ACE評価」の概念図

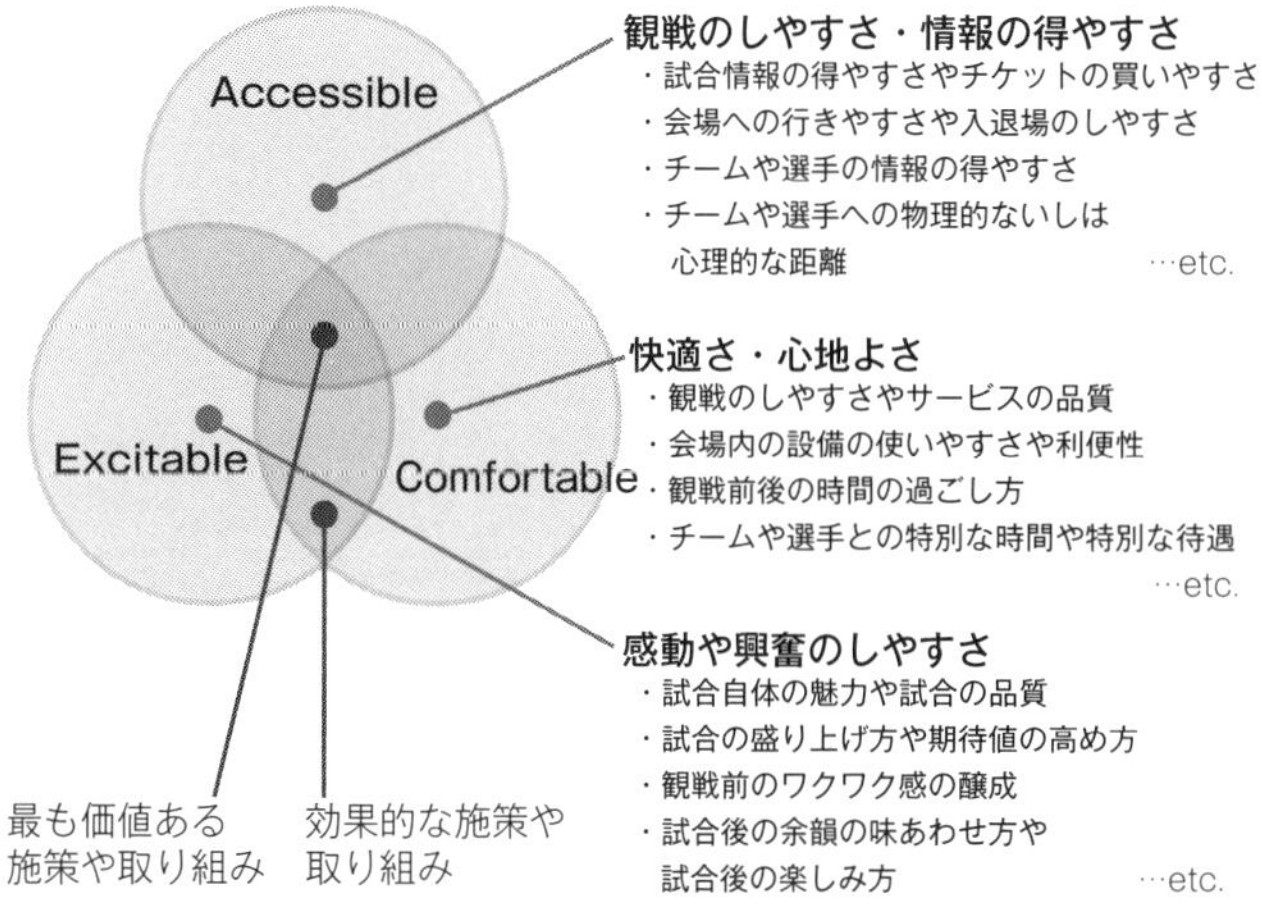
Accessible
Excitable
Comfortable
観戦のしやすさ・情報の得やすさ
・試合情報の得やすさやチケットの買いやすさ
・会場への行きやすさや入退場のしやすさ
・チームや選手の情報の得やすさ
・チームや選手への物理的ないしは心理的な距離 …etc.
快適さ・心地よさ
・観戦のしやすさやサービスの品質
・会場内の設備の使いやすさや利便性
・観戦前後の時間の過ごし方
・チームや選手との特別な時間や特別な待遇 …etc.
感動や興奮のしやすさ
・試合自体の魅力や試合の品質
・試合の盛り上げ方や期待値の高め方
・観戦前のワクワク感の醸成
・試合後の余韻の味あわせ方や試合後の楽しみ方 …etc.
最も価値ある施策や取り組み
効果的な施策や取り組み

観客が満員であれば、観客の声が響き、感動や興奮を感じられるが、現実問題そうはいかない試合が多いだろう。観客を盛り上げるための演出に工夫を凝らして補う必要がある。東京ディズニーランドは入場ゲートまでをギリギリまで見せない工夫をすることでワクワク感を醸成しているというが、そんな工夫を仕込んでいく、そこに頭を使うことが重要だろう。

お金を払いやすい仕組みをつくる

魅力を高めるとともに、ファンがお金を払いやすい仕組みを用意する必要がある。先ほど挙げたような海外の有力スタジアムでは、スマホなどモバイル端末で飲食物や物販のオーダーができるようになっているケースもある。ハーフタイムにできる行列を避けて、スムーズにフードやグッズを座席までデリバリーしてくれる、あるいは注文したものを取りに行くものだ。例えば、米国のナショナル・フットボール・リーグ（NFL）のミネソタ・バイキングスが2016年から本拠地「USバンク・スタジアム」用に提供する専用アプリでは、観客が自分の座席までどう行けばいいのかといった経路案内のほか、飲食物やグッズを注文して席までデリバリーするといったサービスを提供している。こうした情報は、販売する商品の需要予測や特典動画の配信タイミングにも役立てている。

日本では楽天が、プロ野球の東北楽天ゴールデンイーグルスとサッカーＪ１のヴィッセル神戸の両本拠地スタジアムにおいて、今季から飲食物やグッズなどの販売で原則、現金決済をやめて、クレジットカードや電子マネー、スマホ決済などを導入する「完全キャッシュレス化」を実施すると発表して注目を浴びた。当初、観客には戸惑いもあるだろうが、現金のやり取りがなくなり店舗にとっては負担軽減につながるほか、決済で得られたデータは経営戦略に利用できるようになるメリットがある。

リストバンド決済などキャッシュレスの課金システム

観戦時の金銭のやりとりをスムーズにして、売上増を図る仕組みは、今後、積極的に導入されるようになるだろう。例えば、米ウォルト・ディズニー・ワールド・リゾートで、アトラクションの待ち時間を短縮したり快適な買い物を実現したりするために導入されているリストバンド「マジックバンド」のようなツールである。スマホのアプリと連動したディズニーのリストバンド「マジックバンド」はアクセサリーとしての一面を持つほか、チケットの代わりやホテルのルームキーにもなる。現金を出さなくてもキャッシュレス決済ができる。商品購入もできるため、来園者の行動分析による各種改善や新サービス、新商品の開発にもつながり、一石二鳥にも三鳥にもなるツールだ。

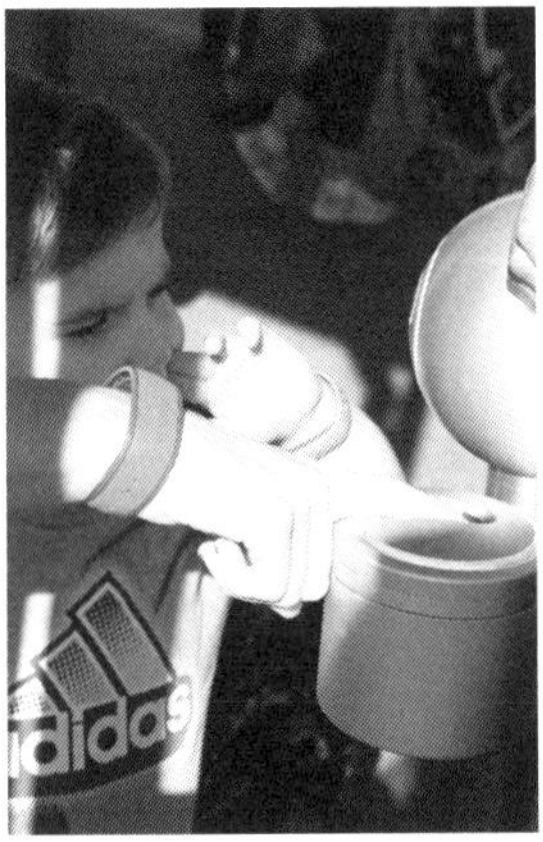

米ディズニーワールドで2013年から導入されている「マジックバンド」（写真：Newscom/アフロ）

スポーツイベントにもこうしたリストバンドを導入すれば、入場ゲートでかざすことにより座席に誘導されたり、スポーツ施設内での買い物もできたりするようになる。スタジアム内ではキャッシュレスですむため、「1000円札を出して、数百円のおつりを待つ」といった時間が不要となり、長い行列の発生を回避できる。さらにスタジアム周辺の店舗とも連携して、クーポンを表示したり、近隣の駐車場を予約したりという機能を持たせることもあり得る。チェックイン（入場）を、近隣の店ですませるという可能性もある。こうした試みは、スタジアムを中心とした街づくりにも役立つはずだ。電子チケット普及の問題もあるものの、いくつかの実証実験は既に行われている。スポーツ、エンターテインメント、街づくり、というところまで含めれば、この領域にも大きなビジネスチャンスがあるだろう。

最新テクノロジーが切り開く次世代のスポーツ市場

「ダゾーン」参入で一変、スポーツ観戦のカタチ

スポーツビジネスは、新しいテクノロジーの導入によって新分野を切り開いている。その中で最も変化が著しい市場の一つは、スポーツ観戦の分野である。従来、スポーツはテレビでみるか現場でみるかの二者択一だったが、今ではインターネットでの視聴が一般化している。

具体的には、「ダゾーン」などのネットを通じた配信が始まったことで、ネットにさえつながればどこでも視聴が可能な時代になった。ＯＴＴと呼ばれるネット配信は、

以前は技術的な制約から同時に数万人が視聴することは難しいといわれていたが、技術革新によりこれを乗りこえた。

スポーツ観戦の醍醐味は、ゲームの流れを一変させるようなスーパープレーの瞬間だ。その瞬間に立ち会った多くの人々は、そのプレーに酔いしれる。だが、その瞬間にテレビの前か現場（スタジアムなど）にいなければ、その興奮をリアルタイムで味わうことはできない。後から録画で見たスーパープレーの価値は一般に減衰してしまう。

ところが、スマホがあれば「手の中で」ゲームを観戦できるようになった。観戦の場所を選ばなくなったわけだ。メジャーリーグであろうが、欧州のプロサッカーリーグであろうが、決定的瞬間を目撃したいという欲求に常に応えることができるようになった。今後ますます、スポーツはボーダーレスの優良コンテンツの一つとして人気を集めていくだろう。

ダゾーンは現在、国内外の130以上のスポーツコンテンツを年間1万試合以上配信しており、例えば国内のJリーグについてはJ1からJ3までのリーグ戦全試合を配信。Jリーグ以外でも、プレミアリーグ、ラ・リーガ、セリエAといった欧州サッカーリーグほか人気のコンテンツをカバーしている。米国については、メジャーリーグ、ＮＦＬ（ナショナル・フットボール・リーグ）などを押さえており、常にラインアップの強化を進めている。

ダゾーンはＪリーグのゲームの放映にあたって、観戦体験の高度化を進める目的で、カメラ台数の増加など積極的な投資を進めてきた。スポーツ界にカネが回るようになったのは良い点である。

サイバーエージェントがテレビ朝日と共同で運営するAbemaTVもスポーツ中継に力を入れている。例えば、２０１８年には大相撲の初場所（1月）から九州場所（11月）まで年間６場所を、「序ノ口」から「結びの一番」まですべて生放送した。ＮＨＫの放送との違いを際立たせるため、力士を紹介する独自の動画をつくったり、従来にないカメラアングルを取り入れたり、池上彰さんの選挙特番の政治家紹介を思わせる手法で力士にまつわるユニークなレア情報を紹介したりと、面白い見せ方をしようと工夫している。フェンシングの事例同様、やはり視聴者を惹きつけるためにはエンターテインメントが必要不可欠なのである。

「シミュレーションスポーツ」「AR／VRスポーツ」とは何か

テクノロジーを駆使して、従来からあるスポーツを疑似的に行う「新しいスポーツ」として、「シミュレーションスポーツ」が登場している。野球のバッティング（映像と連動したボールを打つと、センサーが打球を解析し、打撃結果もスクリーン上に表示される）や、クレー射撃（実際のものに近い銃を使い、反動なども再現、リアリティーが高い）などの既存スポーツのシミュレーション化が行われている。

シミュレーションスポーツ市場の中で、最強ジャンルは「ゴルフ」であり、ゴルフコースを疑似的にラウンドできる。推定市場規模は60億円程度（アビームコンサルティングの概算）だ。このスポーツを楽しむための設備はたいてい、飲食店やドライビングレンジ（いわゆる「打ちっぱなし」練習場）に設置されている。

一般ビジネスの世界ではAR（拡張現実）やVR（仮想現実）市場が急速に拡大し、小売産業などのBtoC分野で実用化されているが、スポーツ界への普及も進みつつある。新たな胎動の一つとして、AR／VRテクノロジーとスポーツ的要素を組み合わせて、新たなスポーツが生まれ始めている。

現時点では「ＨＡＤＯ（ハドー）」というスポーツの商業化が進む。ＨＡＤＯとは、頭にヘッドマウントディスプレイ、腕にアームセンサーを装着して技を放つＡＲスポーツ。技を繰り出して攻撃したり、バリアをつくり防御したりして対戦する。現在、世界23カ国に店舗を展開しているという。

また、東北楽天ゴールデンイーグルスの本拠地・楽天生命パーク宮城に行くと、現役プロ投手の実際の投球を再現したＶＲアミューズメントブース「楽天イーグルスＶＲホームランチャレンジ」が設置されている。このシステムには、楽天に所属する現役プロ野球投手である、松井裕樹投手、岸孝之投手、則本昂大投手などの実際の投球データが用いられている。楽しむだけでなくトレーニングにも適している。

AR技術を駆使した新しいスポーツ競技「HADO」（画像：HADO提供）

ＶＲやＡＲは今後、観戦体験の向上にも影響を与えるだろう。ＶＲ映像により、試合の様子を体験したり、スタンドからは死角となる複数視点からの映像に切り替えながら観戦したりすることも可能になる。また、３６０度映像での観戦、ライブＶＲでの競技体験も実現する。それらの技術による映像のクオリティが高まっていけば、あたかもスタジアムにいるかのようなダイナミックな体験を別の場所にいても味わうことが可能になる。いずれは、リアルで見るよりもＶＲで見る方がいいという時代が来るのかもしれない。そして新たな広告媒体としてカネを生み出す。

また、こうしたシミュレーションスポーツや、ＡＲ／ＶＲを活用したスポーツは、アスリートのトレーニング領域でも活用されていくだろう。横浜ＤｅＮＡベイスターズは２０１７年に、米メジャーリーグ球団が使うＶＲの打撃トレーニングシステム「アイキューブ」を導入している。ゲーム内での選手の動きを仮想体験することにより、練習効果の一層の向上が可能だ。

パラスポーツを支える用具のイノベーションも長足の進歩を遂げている。例えば、車いすバスケットボール用の車椅子は、スピードの速さや敏捷さ、激しさなどがとも

2016年10月にスイスで開かれたサイバスロンの1シーン。麻痺した両足の筋肉を、電気刺激によって動かして行う自転車レースの様子（写真：AFP/アフロ）

なう同スポーツに適した形で進化している。パラスポーツ用の車椅子は、スポーツを行ううえで不要となる部分は取り除き、競技に必要なスピードや耐久性を持つように設計されている。試行錯誤の結果、獲得した知見は一般の車椅子の開発のヒントにもなる。

パラスポーツの用具の進化の延長線上で、人間と用具の融合が進むのでは、と見る専門家もいる。用具は前述の車椅子も含め、アスリート向けにカスタマイズされるのが一般的だが、いずれはロボティクスなど最先端技術を搭載した用具を用いて競い合うようになる可能性もある。

実際に2016年には、障がい者の運動機能を各種技術でサポートして競技を行う〝もう一つのパラリンピック〟と呼ばれる大会「サイバスロン」

がスイスで開催された。スポーツの領域はテクノロジーの進歩によって、今後も拡張していくのかもしれない。また、モータースポーツの世界で培われた技術が一般の大衆車に導入されるように、今後はこうした大会で使われた技術が社会に還元されていくだろう。

「スポーツ」の概念を拡張し、あらゆる「熱狂」をスポーツに

ミレニアル世代を中心に市民権を獲得した「eスポーツ」

今、新しいスポーツとして注目を集めるのが、対戦型のコンピュータゲームで競い合う「eスポーツ」だ。eスポーツは広義には「競技性のあるゲームを行うこと」であり、家庭でできるオンライン対戦型ゲームなどほとんどのゲームプレーはeスポーツと考えることもできる。特にミレニアル世代（1980年代から2000年代初頭までに生まれた世代）をひきつけている。

ドワンゴが主催するeスポーツの大会「闘会議」（写真：アフロスポーツ）

eスポーツの区分

広義のeスポーツ（例）

- ✓広義のeスポーツ=「競技性のあるゲームを行うこと」
  （家庭におけるオンライン対戦型ゲームなど）
- ✓ほとんどのゲームプレー ＝ eスポーツと考えることができる

●スマホでゲーム
- ✓スマホで「パズドラ」や「モンスターストライク」などを楽しむ

●パソコンでゲーム
- ✓パソコンで「リーグ・オブ・レジェンド（LoL）」などをオンラインで楽しむ

●専用端末でゲーム
- ✓ニンテンドースイッチやプレイステーションで専用ゲームを楽しむ

（参考）eスポーツではないものとは=
- ✓デバイスにかかわらず、まったく競技性がないゲームは、eスポーツに含まれないと想定する
  （例）「たまごっち」など

私は、広義のｅスポーツ市場は家庭用ゲーム市場とほとんど同義であり、ゲームメーカーとデバイスを提供するプラットフォーマー（スマホゲームの場合はアップル社など／「ニンテンドースイッチ」のような専用端末ゲームの場合は任天堂など）とで形成されていると考えている。ゲームの利用者はゲーム代金やオプション課金、定額サービス料金、専用端末の購入代金などを支払う。また、「iPhone」などのスマホ上で動く端末や専用端末ゲームの場合は、ゲーム会社がプラットフォーマーにプラットフォーム利用料などを支払う。パソコンゲームの場合は、プ

■ｅスポーツのビジネスモデル

・広義のｅスポーツ市場は、家庭用ゲーム市場とほぼ同義であり、ゲームメーカーとデバイスを提供するプラットフォーマーとで形成されている

広義のｅスポーツ市場のビジネスモデル（プレイヤーは一例）

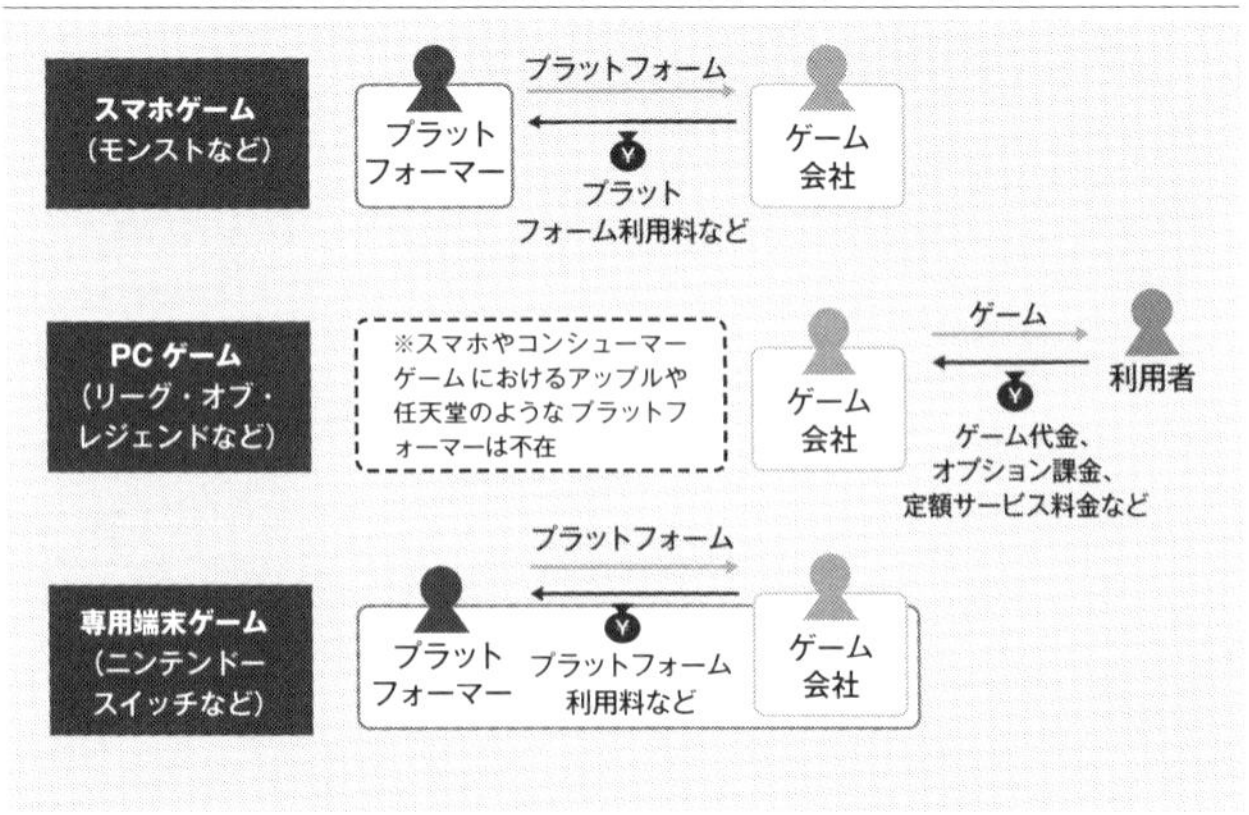

ラットフォーマーは介在せず利用者がゲーム会社にゲーム代金やオプション課金の代金、定額サービス料金などを支払う。

現時点でeスポーツについての明確な定義が普及しているわけではないが、狭義では「大型会場で選手がゲームをプレーし、それが映されているモニターをファンが観戦するイベント」を指すケースが多いだろう。イベント会場では、スター選手からゲームの指導を受けたり、サインをもらえたりするファンイベントも開催されている。ゲームや主催者にちなんだグッズなどの物販も行われる。

世界全体で見てeスポーツの参加人口および市場規模は急速に拡大しており、2017年の約4億人から2020年には6億人になるとの推計もある。世界市場の規模は毎年約40％で拡大しており、2020年には約1500億円市場になるとみられる。

2018年にインドネシアで開催されたアジア競技大会ではeスポーツは公開競技となったほか、2022年の中国・杭州で開かれる大会では正式種目となる見通しだ。この背景には、中国のアリババ集団傘下のアリスポーツ・グループが、アジア・オリンピック評議会と最高位スポンサーの契約を結んだことがあるといわれる。いわば巨大企業がeスポーツの盛り上げに一役買っているわけだ。2024年のパリオリンピックでの正式種目化に向けた検討も進められている。

急上昇する人気を背景に、米国ではeスポーツ専用会場が続々誕生、例えば2018年に開設された「eスポーツアリーナ・ラスベガス」はラスベガスで最初のeスポーツ専用の常設会場となり、新たな顧客層をエンターテインメントの街に集めている。

他のスポーツもeスポーツに触手を伸ばしており、海外では米国のプロバスケットボールリーグや、野球のメジャーリーグ、欧州のプロサッカーリーグなどのチームによるeスポーツへの進出も相次いでいる。日本でも、Jリーグが2018年にサッカーゲームのeスポーツ大会「明治安田生命 eJ.LEAGUE」を開催した。

従来のスポーツ組織や団体がeスポーツのファンを取り込めば、新たな顧客層にリーチできるだろう。ITやエンターテインメント業界ももちろん、この機を逃すまいと意気込んでいる。サイバーエージェントグループのサイバーゼットは同グループのサイゲームス、エイベックス・エンタテインメントと共同で、eスポーツのプロリーグを2018年に設立した。

現在は参加者の参加費を原資として賞金を設定することは賭博罪に該当するためできない。景品表示法により、ゲーム関係企業が賞金を出すことも難しい。家庭用ゲームを営利目的で使えないという問題もある。そのような制約もあり、いまだ日本では未成熟な市場であるが、これらの法規制が解決されれば、一気に市場が拡大する可能性がある。急速に準備が進められているIR（統合型リゾート）によるカジノ解禁は、そのきっかけになるかもしれない。

eスポーツはインターネットとの親和性が高く、ネットを通じてスマートフォンでスポーツ観戦するような若い層には「スポーツ」として扱われることに違和感は少ないだろう。リアルスポーツと違って、観戦者は自分のベストな視点からゲームを観戦することも可能だ。若者が視聴するメディアが、テレビからスマートフォンへと軸足を移す今、スター選手たちが従来とは異なる場所から続々と生まれるようになるかもしれない。テクノロジーの発展にともない、今後もeスポーツがカバーする領域は拡大することが見込まれる。

「熱狂理論」が拡張するスポーツの概念

私はeスポーツの延長線上には新しいスポーツの概念をつくることができ、それが新たなビジネスを生むと考えている。少し突き抜けた発想だが、紹介させてもらう。

ｅスポーツが「スポーツ」という範疇で成功の兆しを見せているのには、リアルなスポーツと同様、「熱狂」を生んでいるからだ。では「熱狂」を生み出す要素とは何だろうか。

私は、その要素は「トッププレイヤーへのリスペクト度」「競技（領域）へのリスペクト度」「自己投影度」だと考えている。これらの要素がそろっていると、人は熱狂するということだ。

例えばＡＫＢ48は熱狂を生み出したアイドルグループであるが、ＡＫＢ48をこの３つの要素で分解すると以下のようになる。

■トッププレイヤーへのリスペクト度：トップアイドルを目指す努力へのリスペクトが存在する

■競技（領域）へのリスペクト度：アイドルという領域は文化レベルで受け入れられている

■自己投影度：自分がアイドルを育てるという悦び

eスポーツでいえば、以下のようになる。

■トッププレイヤーへのリスペクト度：もともとゲームの世界でトップゲーマーはリスペクトされている

■競技（領域）へのリスペクト度：ゲームの質は日本中心で向上し、世界各国に文化として浸透している

■自己投影度：プレイヤーに自分を重ねる

このように、熱狂を生むものには、（他にも要素はあるかもしれないが）この3つの要素を持っていると考えている。

eスポーツは、従来のスポーツと比べて身体性は著しく低いため、「これはゲームであって、スポーツではないのでは」という人々も少なくないが、今

■熱狂を生み出す3つの要素

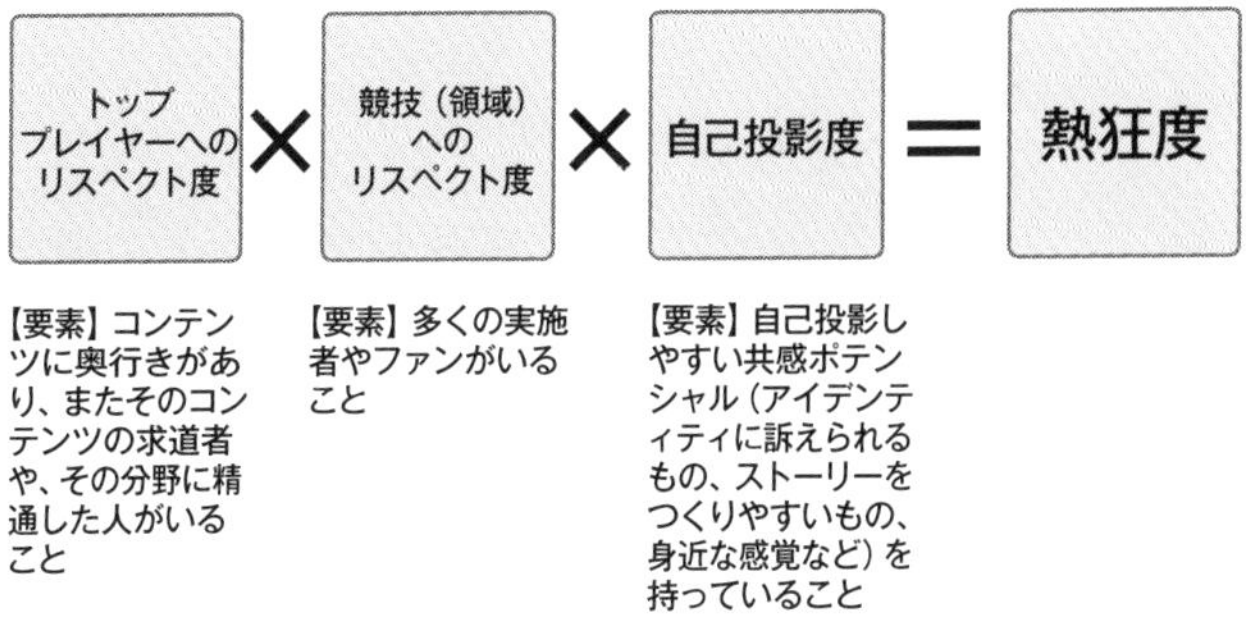
トップ プレイヤーへの リスペクト度
×
競技（領域） への リスペクト度
×
自己投影度
＝
熱狂度
【要素】コンテンツに奥行きがあり、またそのコンテンツの求道者や、その分野に精通した人がいること
【要素】多くの実施者やファンがいること
【要素】自己投影しやすい共感ポテンシャル（アイデンティティに訴えられるもの、ストーリーをつくりやすいもの、身近な感覚など）を持っていること

やスポーツとしてアジア大会の正式種目にまでなろうという段階になっている状況をみれば、ビジネスとしてのポテンシャルは高い。

私の考えでは、「eスポーツは、熱狂を生み出す土壌があったゲームというコンテンツをスポーツに乗せて、さらなる熱狂を生み出すものにした」と考えている。この考えに基づけば、〝ネクストeスポーツ〟も生み出せるのではないかと考えている。

例えば、日本にはいわゆる「オタク文化」がある。鉄道オタクや映画オタクなど、様々な領域にリスペクトされるべきトッププレイヤーが存在する。彼らのその圧倒的な知識と見識は、ある意味頭を使うスポーツともいえる。彼らの知識と見識を競うクイズのようなものを演出によってエンターテインメント化し、スポーツ化することも可能かもしれない。

それは「クイズ」かもしれないが、eスポーツも、もともとは「ゲーム」である。熱狂できるテーマであれば、スポーツ化によってさらなる熱狂を生み出すものに転換し、ビジネスにつなげられるのではないかと思っている。日本発のエンターテインメントとして、世界にアピールするコンテンツを生み出していけるはずだ。

「スポーツベッティング」がスポーツをエンタメに変える

欧米で盛んな「スポーツベッティング」

私はスポーツをみるだけでなく同時に賭ける楽しみも満足させる「スポーツベッティング」が日本にも導入されることを期待している。この分野が実現すれば、スポーツビジネス市場がさらに大きく広がるだろう。そしてさらにスポーツ業界全体にカネが回るような仕組みがつくれたらいいと思う。

例えば英国では、試合の生中継を見ながら、それに合わせて変動するオッズ（配当率）をチェックして賭けるリアルタイム（ライブ）ベッティングが盛んだ。世界約200カ国に1900万人以上の利用者を抱えている「bet365」という企業なども、ライブストリーミング映像を見ながらベッティングをすることができる。近年のスポーツベッティングは、実際の映像などを活用し、よりエキサイティングな賭けができるように工夫されている。

そして現在の海外でのｅスポーツの盛り上がりは、スポーツ競技を賭けの対象とする「スポーツベッティング」への関心も喚起している。ｅスポーツは選手の体力回復を待つ時間が短い特徴を持つことから、リアルスポーツに比べて試合数を増やしやすい。このため、賭けの投資機会を多く設定できる。単にみるだけではなく自分でも行為することを通じてスポーツに関わることとなる「ベッティング」は、スポーツ界の盛り上げ役として期待できる。スポーツにあまり関心がなかった人も、ベッティングを通じてスポーツを「みる」ことに興味を持つこともあるはずだ。

もちろん、現段階の日本では、競馬や競輪などの公営ギャンブルを除き、ベッティングは法律で禁じられている。だが海外では、スポーツベッティングが合法化されている国が少なくない。米国でも最近合法化が進んでいるが、英国では１９６０年代に様々な事象を賭けの対象とするブックメーカーが合法化され、多くのブックメーカーが登場して競争している。人気が高いのは、サッカーのプレミアリーグの勝ち負けを対象とするもので、エンターテインメントの一部になっている。競技の普及にも一役買っており、ファンにとってはスポーツの正当な楽しみ方の一つなのだ。

世界のスポーツベッティングの規模は拡大している。欧州ではプロスポーツの大きな収益源となっているほか、ファンのチームへの愛着を高めるきっかけにもなっている。スポーツベッティングの形態には海外で様々なものがあり、カジノと組み合わせて飲食の提供もするエンターテインメントとしての側面の強い形態もある。

日本で今後、スポーツベッティングが許可される可能性については何ともいえないが、解禁された場合のビジネスとしての可能性は非常に大きいものとなる。

伸び悩むスポーツウェア市場と、アスレジャー市場の拡大

普段着として使えるスポーツウェアが人気に

スポーツアパレルの分野では今後、各スポーツを行うための競技用専門ウェアよりむしろ、運動（アスレチック）と余暇（レジャー）を組み合わせた「アスレジャー」の分野に成長の余地がありそうだ。本来のスポーツアパレルの主要アイテムは競技用専門ウェアであったが、定期的にスポーツをする人の比率は横ばいから微増であり今後も爆発的な増加傾向は推定できず、全体基調としては伸び悩んでいるためだ。スポ

ーツアパレルやスポーツシューズを日常生活で着用するファッションスタイルは定着してきている。

スポーツ衣料はデザイン性の高い商品が好まれる傾向となり、一般衣料品との垣根が薄れつつある。アスレジャーの主要アイテムは、普段着でも使えるようなライフスタイルウェアやアウトドアウェアなどが中心。ユニクロやH&Mといった、スポーツ用品メーカーではない衣料専門店がスポーツ関連のラインアップを拡充し、スポーツウェアやシューズ業界は業種の枠を超えた「ボーダーレス化」が進んでいる。


近年は、関心の高まりにともない、主要企業のアスレジャー系ブランド立ち上げやアスレジャー関連商品の取り扱いが拡大している。

矢野経済研究所の調査「アスレジャー市場の展望と関連企業の事業戦略」によると、アスレジャー市場は、2020年までに限定すれば80%以上の企業が拡大すると予測している。一方、2020年以降の予測については「拡大」と「維持・縮小」に分かれている。「健康志向の高まり」という社会的価値観の変化を重視する人は、継続して拡大すると見る傾向にある。人口減少の側面を重視している人は、維持または縮小傾向と予想している。

市場規模について見ると、スポーツアパレル市場は約0.6兆円で、アパレル全体では約6%の構成比にとどまる。一方、アスレジャーは、一般アパレルとスポーツアパレルにまたがっているジャンルであり、約0.9兆円程度の規模と考えられる。

連結で1.7兆円を超える規模の売上を持つファーストリテイリング（ユニクロ）のようなビッグプレイヤーのいる一般アパレル市場に比べると、スポーツアパレルの日本国内の売上高はまだ小さく、一位のアディダス・ジャパンでも500億円程度にとどまると推測される。だが、一般アパレル市場のプレイヤーの多くが、スポーツウェアの要素を取り入れた衣料の取り扱いを拡大している。

スポーツシューズの出荷数や市場規模は、スニーカーブームによりこれまでの数年間で堅調に伸びている。ナイキやアディダス、コンバースやニューバランスなど、一部の強いブランドを持つメーカーに力が集中している。今後もスポーツウェアやシューズの「街着化」傾向は続き、「アスレジャー」は定着していくだろう。

スポーツツーリズムの可能性

近年では、スポーツツーリズムという言葉も広く使われるようになった。スポーツツーリズムとは、スポーツをみる、あるいはする（体験する）ための旅行である。日本スポーツツーリズム推進機構（ＪＳＴＡ）によれば、地域でスポーツを支える、いわゆるプロやアマチュアスポーツチームの合宿誘致も含まれている。

２０１９年のラグビーワールドカップ、２０２０年の東京オリンピック・パラリンピックを控え、インバウンドを対象としたスポーツツーリズムは大きなビジネスチャンスとなっている。

特に日本流の〝おもてなし〟を加えたスポーツホスピタリティは注目すべきビジネスであり、大手旅行代理店であるＪＴＢがビジネス拡大を推進している。ＪＴＢの定義では、スポーツホスピタリティとは、観戦者に対して専用の個室や特別な空間での飲食、エンターテインメント、ギフトなどといった特別かつ上質なサービスを観戦券と組み合わせて有料で提供する観戦券つきパッケージである。

ＪＴＢは、英国のスポーツ・トラベル・アンド・ホスピタリティ（ＳＴＨ）社と共同で、日本初のスポーツホスピタリティを取り扱う専門会社「ＳＴＨ　ＪＡＰＡＮ」を設立し、ラグビーワールドカップを対象に商品を販売している。

販売されているラグビーワールドカップのホスピタリティパッケージの価格をみると、最上位のウェブエリス・スイートというパッケージが約１９９万円からとなっており、高額ではあるが売れ行きは好調とのことだ。国際的なスポーツイベントを、重要な取引先の招待に利用することを検討している企業も増加しているのだろう。

欧米ではスタジアムやアリーナに企業の名前の付いたＶＩＰルームがみられ、商談に利用することは一般的となっているが、今後数年の国際的スポーツイベントを経てスポーツホスピタリティが根づけば、日本においても大きなビジネスになる可能性がある。

またスポーツコンベンションも、スポーツビジネスとしてのポテンシャルは高い。スポーツコンベンションは、プロやアマチュアチームの合宿の誘致、プロ興行の誘致などであるが、近年、自治体は「スポーツコミッション」という組織を設置し、スポーツコンベンションの推進を開始している。有名なのはプロ野球巨人軍の宮崎キャンプである。スポーツコンベンションを行うことで、その地域の市区町村以外からの人口の流入が見込まれる。チームの選手、スタッフはもちろん、プロのチームであればファンもついてくる。競技によってはインバウンドも見込める。

スポーツコンベンションが短期的にもたらすわかりやすい効果は、飲食店・宿泊施設の利用増加による地域への経済効果であろう。誘致が成功すれば、何もしなくても一定程度は増加が見込める。しかし、ここで地域、行政、チームが一体となって企画する体制があれば、経済効果を高めることは可能だ。

まず経済効果を高めるためには、その地域に流入してくる人たちのニーズを把握しなけ

■スポーツコンベンションの効果

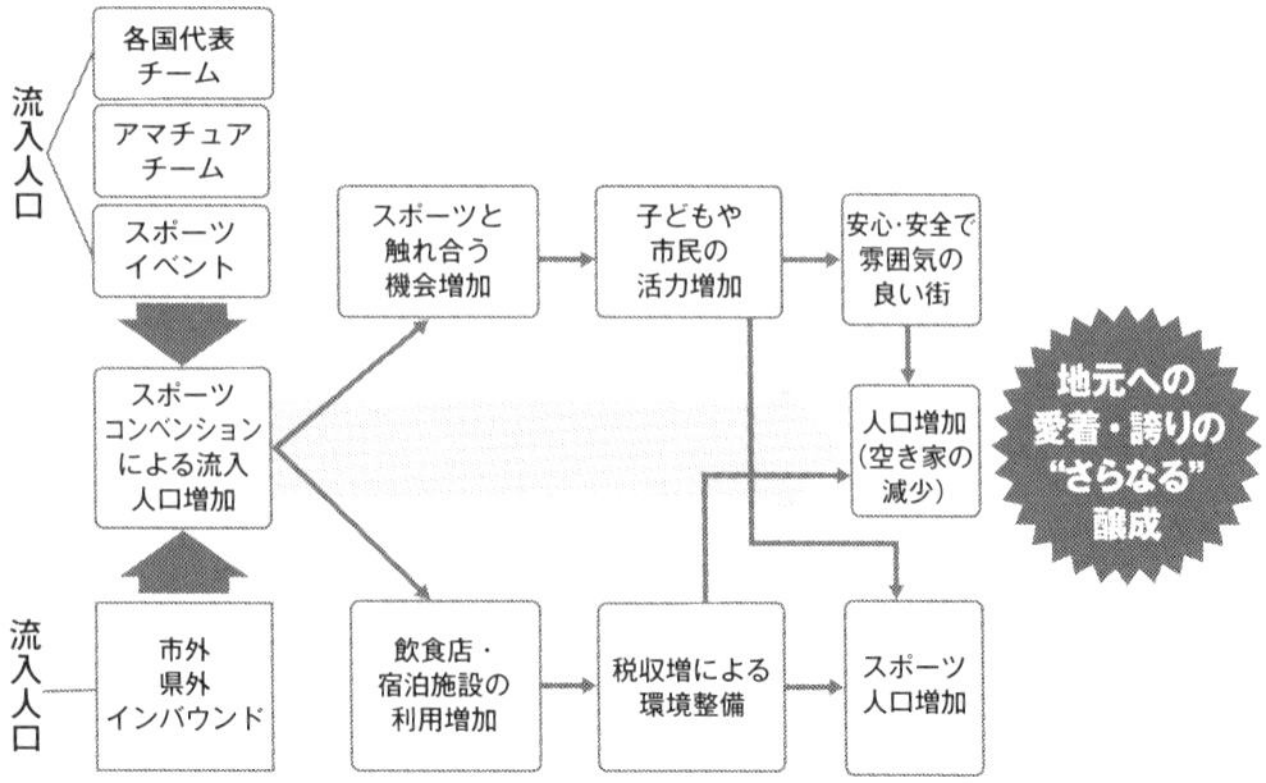

ればならない。例えば、ファンを最も把握しているのは誰だろうか。チームである。チームが、自分のチームのファンの情報、チームの情報を地域に提供する必要がある。そして地域は、そのニーズに応じた企画を立案していく。地元の商店街が一体となって企画するというイメージだ。行政はその実現に向けて、リソース面での援助を行う。そのような協力体制がうまくつくれれば、スポーツコンベンションの経済効果は高まるだろう。

プロチームの合宿に帯同するようなファンは、かなりコアなファンである。このような属性のファンは、もしかしたら飲食・宿泊コストは抑えがちで、チームに関係するグッズには惜しみなくお金を払うのかもしれない。あるいは単なるイベント好きの人が近隣地域からやってくるかもしれない。彼らは楽しさが重要で、目的のイベントが終われば次の楽しみを求めるかもしれない。こうした属性の違いがあるのに、同じような企画が有効だろうか。

前者のコアファンであれば、チーム／選手公認メニューを提供したり、店舗をチームカラーに統一したりしてファンとしての共感を呼び覚まし、飲食店などに誘導する方法が有効かもしれない。後者のイベント好きには、もともとの目的イベントに参加している中で、その日に同地域であるエンタメイベントや、エンタメ性の高い施設・飲食店への誘導が有効かもしれない。来る人の属性に合わせた企画というものが何をするにしても重要だろう。まさにマーケティングである。

　また、スポーツコンベンションの効果は経済効果だけではない。中長期的に見れば、安心・安全な雰囲気の街づくり、定住人口やスポーツ人口の増加、地域への愛着や誇りの醸成、定量的には測れない地域の市民や子どもたちの活力の増加――そんな効果も見込めるのではないかと思う。スポーツというものを通じて、街を変えていくこともできるのだ。

　最終的には、街にいる子どもたちのほか大

■属性別のアプローチ例

	属性（ニーズ）	動線	売り方 （飲食店・宿泊施設）
熱烈ファン	・どこであろうと、チームとの一体感を感じたいロイヤリティの高さ ・飲食・宿泊コストは抑えがちだが、チームに関係するものへの出費はする（限定であればなおさら）	・チームの動きに合わせて動く ・余計な移動はせず、コストもかけない	・チーム／選手公認メニューの提供 ・店舗をチームカラーに統一して集客
イベント好き	・楽しさを求めており、スポーツもエンタメの一部だという認識 ・エンタメへの親和性が高く、集団で動く	・目的のイベントが終われば、次の楽しみを求めてさまよう	・宿泊施設や飲食店で、他のイベントへ誘導する仕かけをつくる（クーポン提供など）
インバウンド	・スポーツ、エンタメともに大好き ・口コミで評判が広がりやすい	・移動方法は、設計してあげる必要がある	・（すでに対応していると思うが）英語メニューは必須 ・ツイッター、フェイスブックの投稿画面を見せてくれたら割引キャンペーン

人たちも、その地域をホームとするチームのユニフォームを着ているというように、スポーツが文化として地域に根づくことが目標かもしれない。そうなれば、その地域を訪れる観光客に「この地域はスポーツの街だ」という印象を与えるし、それは良い印象といって間違いない。

「コアマス理論」でスポーツビジネスを開拓すべし

スポーツ市場の特定領域に限った話ではないが、最後に未開拓な市場領域を切り開き拡大していくための方法について紹介したい。「コアマス理論」と名づけた考え方だ。スポーツ市場を拡大していくうえで参考になるのではないかと思う。

ビジネスの世界においては、新しい商品・サービスはゼロからスタートして徐々に拡大していく。例えば日本の携帯電話は、民営化直後のNTTが1985年に始めた肩掛けタイプで大きめの移動電話「ショルダーホン」から始まった。重さは約3キロもあり、当初は会社役員や富裕層などが主な利用者だった。今では想像もできない大きさだ。肩掛け移動電話はやがて小型化して、一般のビジネスパーソンに普及していった。さらに、今では携帯電話はスマートフォンに置き換わっている。商品が普及する過程では、「コア（中核となる）市場創出」↓「マス市場化」↓「代替」という流れをたどる。

そうしたいわば商品や市場などの「ライフサイクル」を考えたときに、スポーツビジネスはどの段階にいるかといえば、まだ火がつく前の初期の段階にいると私は思っている。拡大途上の「コア市場」にいるわけだ。

「コア」といえる一部の人しか持っていなかった携帯電話を、一般の「マス（大衆）」が使うようになるために、機能を変化させたり、訴求方法を変えたりといった改良を進めていった。コアからマスへの拡大の過程は、「機能」「ビジネスモデル」「訴求方法」「タッチポイント」の4つの要素のいずれかを変化させ、年齢、性別、地域、経済力、志向のいずれかを軸としてターゲットを拡大することで実現される。

例えば、携帯電話の機能を最低限のシンプルなものにして、ターゲットを経営者層や富裕層から一般層に変えていくといった具合だ。それによりユーザーは拡大した。

スポーツビジネスの分野にもこの「コアマス理論」は応用できる。

プロ野球を例にとってみよう。現在は、1回から9回（延長戦を含む）までみられ

■商品・サービスの普及の流れ

普及商品は、コア市場創出、マス市場化、代替という流れをたどる
多くのスポーツビジネスは、まだまだ拡大途上（コア市場）にある

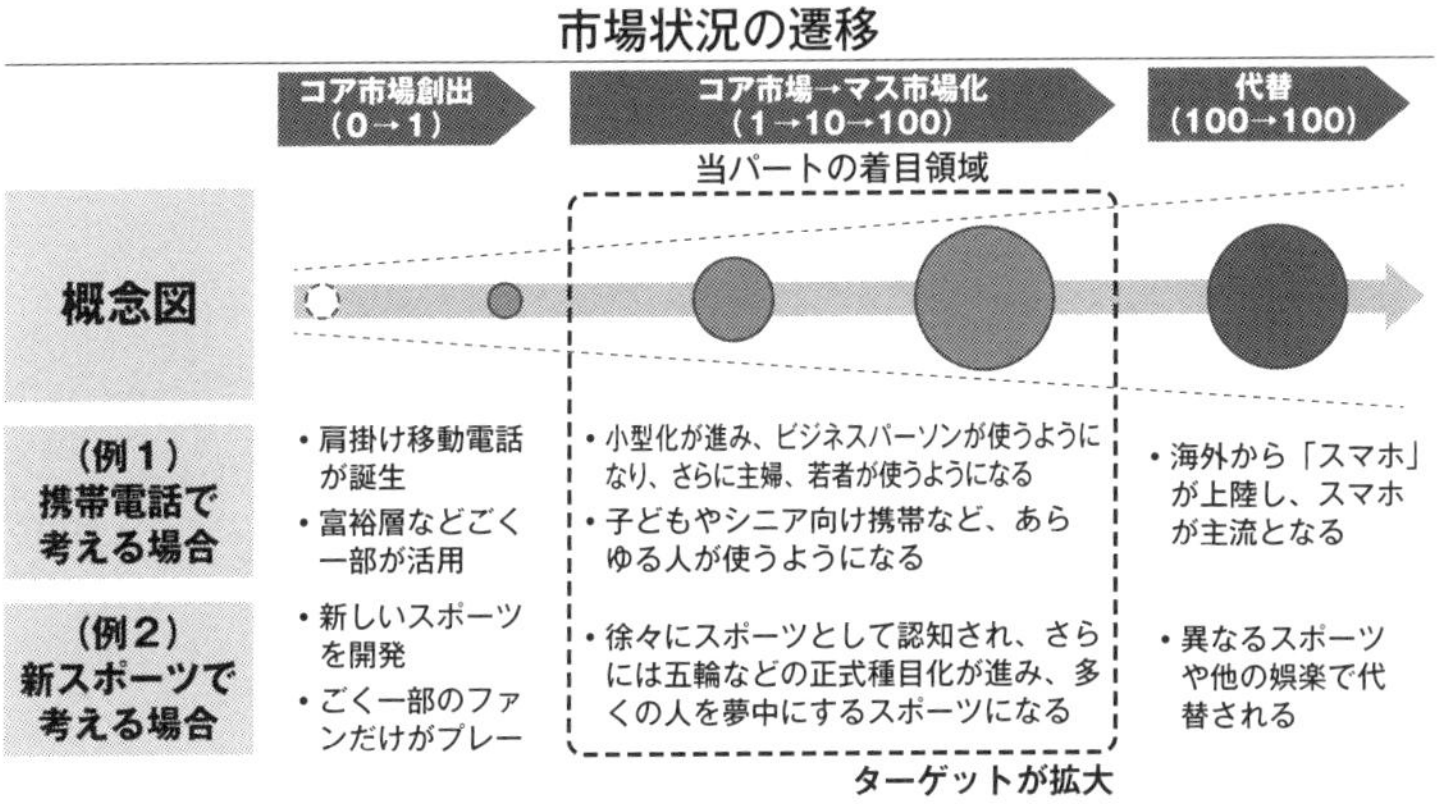

■コアマス理論

・コア→マスへの拡大は、機能、ビジネスモデル、訴求方法、タッチポイントのいずれかを変え、年齢、性別、地域、経済力、志向のいずれかを軸としてターゲットを拡大することで実現される

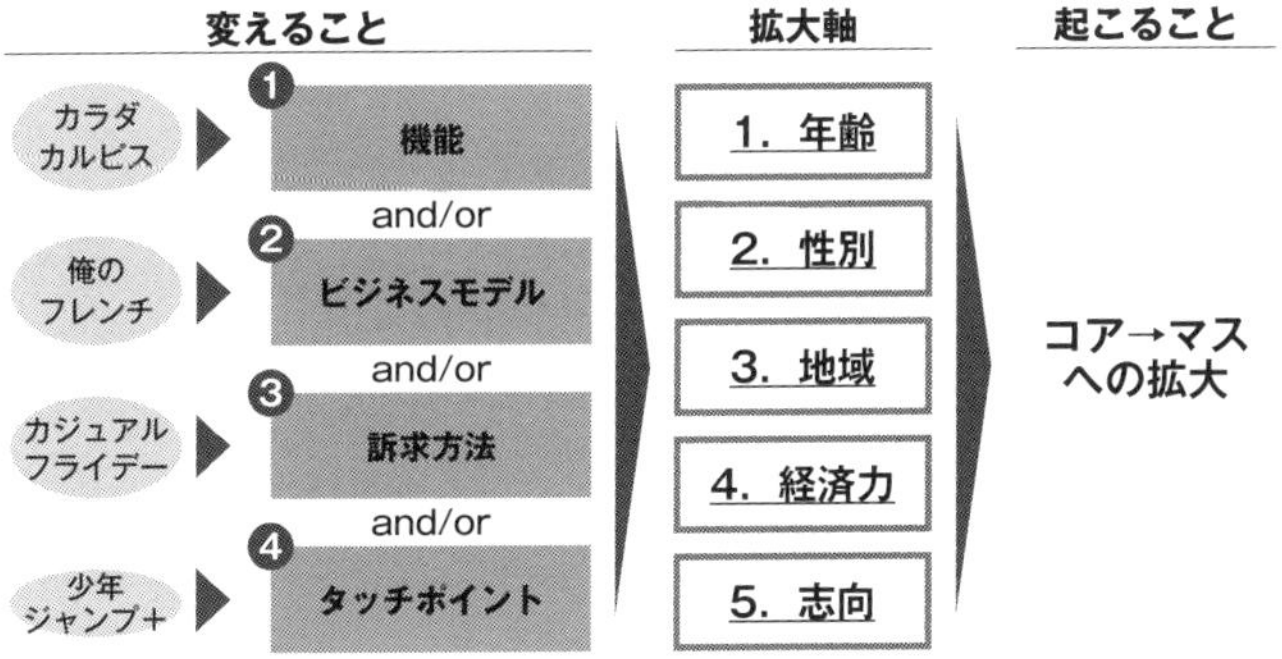

る観戦チケットしか販売されていないことに多くの人は疑問を持っていないだろうが、この常識を打ち破って6回から9回だけをみられるチケットを売るといったことも考えられないだろうか？　プロ野球のナイター開始時間は午後6時頃が一般的だが、この時間から観戦できるビジネスパーソンはあまり多くない。仕事終わりに6回以降を午後8時頃から見るとチケットが安くなるシステムであれば、「今日は野球場に行ってみよう」というビジネスパーソンも増えるのではないか。

また、スキー場では、一般に一日分のリフト券を数千円程度で購入するシステムが多いが、これをスキー板にGPSをつけて滑った分だけ課金するというシステムにすることはできないだろうか。これにより、子どもの面倒を見ていてスキーをする時間が限られるお母さんにはあまり課金をせず、スキー大好きのお父さんにはしっかり課金するというようにする。そうした工夫で、市場を活性化させ、拡大させるということはできる。ビジネスでの実際の事例を見てみよう。

例えば、アサヒ飲料の「カラダカルピス」。カルピスといえば子どもの頃好きだったけれども、大人になってからは飲まなくなったという人は少なくないだろう。実際、1990年代初頭に「カルピスウォーター」がヒットした後、カルピスは伸び悩んで

■事例① カラダカルピス

機能を変えることで、対象ターゲットが大人にまで拡大した。

拡大したもの	アサヒ飲料「カラダカルピス」
かつての対象市場	**それまで乳酸菌飲料は、カルピスをはじめ、主に子どもをターゲットとしていた。** ・メイン消費者層である子供が減少する中で、アサヒ飲料は新しい顧客の取り込みを検討していた。
どのように拡大したか	**乳酸菌を活用、"体脂肪を減らす乳酸菌飲料"という機能を打ち出すことで、健康食品として活用できるようになった。** ・2000年頃からカルピスが行っていた基礎研究から、体脂肪を非常に効果的に燃やす乳酸菌を発見するに至った。 ・健康食品市場では後発のため、既にブランドを確立していたカルピスを活用した。
誰に拡大したか	**ターゲットが、子どもから体脂肪を気にしている大人へ、年齢層がシフト・拡大した。** ・2017年に販売し、約200万ケースの大ヒットを記録した（通例は、飲料業界は年間100万ケースでヒットといわれる）。 ・特に、子どもの頃にカルピスを飲んでいた30代以上の大人に拡大した。

■事例② 少年ジャンプ＋（プラス）

タッチポイントをスマホに変えることで、対象ユーザーが女性にまで拡大した。

拡大したもの	**集英社「少年ジャンプ＋」（「週刊少年ジャンプ」が読めるスマホアプリ）**
かつての対象市場	**紙媒体におけるジャンプをはじめとする少年誌は、ほとんどが10～30代の男性であり、女性比率は少なかった。** ・紙媒体の女性比率は約25％（2011年時点）
どのように拡大したか	**タッチポイントを誌面からスマホに変えることで、女性にとっての少年誌購買の心理的ハードルが下がった。** ・紙媒体の「週刊少年ジャンプ」は10年間で3割減したものの、2014年から開始したアプリのユーザー数は2年半で6倍以上に拡大。 ・アプリのいつでもどこでも気軽に読める点や、在庫切れがない点などが、ユーザーから支持されている。
誰に拡大したか	**紙媒体のジャンプと比べて、女性ユーザーが拡大した。** ・アプリの女性読者は20代を中心に4割近くを占めている。

いた。そこで、従来からのカルピスの味を維持しながら体脂肪を減らす機能を持つ機能性表示食品「カラダカルピス」を２０１７年に発売した。「乳酸菌で体脂肪を減らす」と機能の打ち出し方を変えることで、対象ターゲットを従来の子どもから大人にまで拡大したのだ。この施策により、カルピスからこれまで離れていた30代以上の大人からの支持を得て、カラダカルピスはヒット商品となった。

集英社の漫画「少年ジャンプ＋（プラス）」では、タッチポイントをスマートフォンに変えることで、対象ユーザーが女性にまで拡大した。このため、ジャンプ＋では、コアである男性読者を守りながらも、従来のジャンプらしくない作品を掲載しユーザーのすそ野を広げている。新機軸の一つが少女漫画であり、同じ集英社の少女漫画誌「りぼん」の人気漫画「さよならミニスカート」を掲載するといった実験も行っている。

また、「カジュアルフライデー」という文化は、訴求方法（イメージ）の変化により、米国西海岸の慣習が世界中に拡大した。もともとは、「アロハ・フライデー」というハワイのアロハシャツメーカーの施策を起源として西海岸で流行していた。それを「だらしない格好」と捉える向きもあったが、そうではなく、「自由な服装で柔軟な発想を引き出し、生産性向上につなげる」改革というイメージを打ち出すことによって、今や「お堅い業種」といわれる金融機関にまで導入されるようになった。

一流レストラン出身のシェフがお手頃価格で料理を提供する立ち食いレストラン「俺のフレンチ」は、ビジネスモデル変革によりコストを下げることで、対象ターゲットが低中所得層にまで拡大した。高級フレンチはゆったり席に座って食べるスタイルで高価なのが当たり前であり、1日1回転未満の店も少なくないが、立ち食いにすることで通常の3倍の顧客回転率にした。スペースも従来のフランス料理店よりずっと狭くした。このため、客単価が従来店の5分の1～3分の1程度の3000円台になっても採算が合うようにした。

「機能」「ビジネスモデル」「訴求方法」「タッチポイント」を変えてみる

この「コアマス理論」をスポーツビジネスに具体的に当てはめるとどうなるかを考えてみる。ゴルフに適用してみると、従来のマナーや常識はいったん棚上げにして、「グリーンで寝転がっても良い」「ボールも柔らかく安全なものにする」「コース上でうるさくしても良い」「家族や学生でも楽しむゴルフに変える」というように、機能を変えてみることがまず考えられる。そうすればより幅広い人たちがゴルフを身近に感じ、関心を寄せるだろう。

もしくは、18ホールやハーフラウンド（9ホール）の単位でプレーするのではなく、「プレーするのを3ホールに限定する」といったアイデアはどうだろう。18ホール回るとなるとたいてい4～5時間くらいはかかるが、これはサッカーや野球と比べてプレー時間が長い。このため、3ホールに限定して時短するのだ。もしくは、「俺のフレンチ」方式のように「ゴルフプレー以外のサービス（昼食や受付機能）をオールカットしてコストを下げ、回転率を上げる」ということも考えられるのではないか。そうして、ビジネスモデルを一変させるのだ。伝統的なゴルファーからはかなり怒られそうではあるが。

また、「ゴルフほど効率的かつ健康的に痩せるものはない。ジムに通うより痩せる」とダイエット効果を前面に出したブランディングに変える、というように訴求方法を変えてみるという手もある。そのほか、「（前記の訴求方法に変えたうえで）ゴルフラウンドを、生命保険窓口、病院、ジムなど、健康を意識する場所・タイミングで販売する」などとタッチポイントを変えてみる、という方策も考えられる。

■ゴルフに当てはめると…

ゴルフに当てはめると、例えば、以下のイメージに

変えること	ゴルフに当てはめた具体的イメージ	拡大軸 性別	年齢	地域	経済	志向
❶ 機能	グリーンで寝転がっても良いことにする。ボールも柔らかく安全なものにする。うるさくしてもOK。家族や学生でも楽しめるゴルフに変える	女性にも拡大	子どもや若者に拡大	―	テーマパークより安いレジャーとして顧客層が拡大	家族サービスを大切にする顧客に拡大
❷ ビジネスモデル	プレー数を3ホールに。また、ゴルフプレー以外のサービス(昼食や受付機能)をオールカットしてコストを下げ、回転率を上げる	体力のない女性に拡大	体力のない後期シニアに拡大	―	対象となる所得層が拡大	少しだけ楽しみたい人にも拡大
❸ 訴求方法	「ゴルフほど効率的かつ健康的に痩せるものはない。ジムに通うより痩せる」などと、ダイエットをメインにしたブランディングに変える	男性から女性中心に拡大	シニアや中年中心から若者中心に拡大	郊外中心から都心エリアに拡大	(ダイエットとして相対的に安ければ)所得層が拡大	ゴルフ好き→ダイエットしたい人に顧客が拡大
❹ タッチポイント	(③の訴求方法に変えたうえで)ゴルフのラウンドを、生命保険窓口、病院、ジムなど「健康」を意識する場所・タイミングで販売する	同上	同上	同上	同上	同上

このように、「機能」「ビジネスモデル」「訴求方法」「タッチポイント」といった部分を変えていけば、既存スポーツビジネスの規模を拡大することも、まだまだ可能なのである。

あとがき

2020年 東京オリンピック・パラリンピックとその次の時代

本書の出版日から東京オリンピック・パラリンピック開催日までの日数は、もう500日を切っています。

2020年東京オリンピック・パラリンピックという世界最大のスポーツイベントが東京で開かれることに、日本中の目が今、向いています。成功するかどうかは、成功の定義にもよると思いますが、56年ぶりに東京で開催するオリンピック・パラリンピックに日本国民は熱狂し、盛り上がることは間違いないでしょう。大切なのは2020年以降、スポーツへの関心がどうなるかです。企業は東京オリンピック・パラリンピックに向けて高額のお金を支出しており、様々な環境整備が多額のお金をかけて行われています。国民や企業のスポーツへの関心もピークに向かっています。しかし、一大イベントが終わってみたら果たしてどうなるのでしょうか。元のレベルに戻ってしまうのならまだしも、急速に関心が薄れて、スポーツに見向きもしない人が増えるかもしれません。

スポーツビジネスに携わる方々は、このスポーツに対する熱狂や関心をどのように維持していくのかに知恵を絞るべきではないでしょうか。

スポーツビジネスを育てていくうえで重要なことは、やはり企業とスポーツとのパートナーシップを従来の関係から変えていくことではないかと思います。スポーツと企業がしっかりとタッグを組んで、スポーツを通じて新たなビジネスモデルや新たな事業を次々に生み出していくこと。成功事例を数多くつくることが重要です。

スポーツをみることは楽しいものです。しかし、そのときの熱狂をカネに変換してしまえばそれで十分だという旧来の考え方から脱却しないと、スポーツは一時的なブームで終わってしまいます。スポーツに対する日本国民の関心を高く維持するには、「スポーツを活用すれば、こんな新しいこともできる」と、新たなビジネス領域を繰り返し提示していくことが必要です。

スポーツ庁も「オープン・イノベーション・プラットフォーム」を掲げ、スポーツと企業とがテクノロジーを介して新たな価値を生み出すことにより、スポーツビジネス市場を拡大するとしています。しかし、国がお金を使っているのは金メダルを取るためのアスリートへの助成や環境整備であり、マーケティング強化にカネを使っているわけではありません。民間がタッグを組んでいく必要があると思います。

これは私の妄想ですが、例えば、様々なスポーツに触れることをもっと当たり前にしていくために、オリンピックやパラリンピックの種目――例えば、フェンシングとかカヌーとかアーチェリーとか――すべてを1カ所で体験できるような場所をつくりたいと考えています。現状では、子どもがフェンシングをしたいといっても、いざ体験するにはどこに行けばいいかわかりませんし、未経験者が気軽にできる場所はないと思います。スポーツを体験する際の、こうしたハードルをもっと下げることが必要です。さらにエンターテインメント性を高めて、いわばスポーツ分野のディズニーランドをつくるというイメージです。また、そこで遊ぶ子どもたちから運動時のデータも取って蓄積し、タレント発掘などに役立てるのです。そのようなデータは企業にとっても有効なデータになるでしょうし、そこを拠点にビジネスが拡大していくのです。
このような壮大な構想の実現は、一企業では無理です。行政や多くの企業が双方のメリットをきちんと明確化し、タッグを組んで進めなければ実現できないでしょう。
スポーツのビジネス化に向けて、時間はあまり残されていません。東京オリンピック・パラリンピックというビッグイベントの前後の数年こそが、日本が「スポーツビジネス大国」を目指すうえで二度とはない大切な時期となるはずです。

ここまで多くのスポーツビジネスにおける課題を述べてきました。本書をこの時期に出版したのも、皆様の協力を得て、東京オリンピック・パラリンピックまでにできるだけ多くの課題を解決していくべきだという思いがあるからです。この内容が、スポーツのチカラで国民に元気を与える国、そんな国づくりに少しでも貢献できるものになれば幸いです。

最後に、本書に記載した知見やノウハウは、スポーツビジネスの諸先輩方から学んだことがベースとなっています。私はスポーツビジネスの第一人者である故広瀬一郎氏が開講したSports Management School（ＳＭＳ）を２０１７年に卒業していますが、特にＳＭＳの講師陣、同期、そしてそこからつながった方々に、スポーツビジネスに取り組むうえでのヒントを数多くいただきました。

また、スポーツビジネスという仕事のフィールドを与えてくれたアビームコンサルティング株式会社にも感謝し、スポーツビジネスを通じてその成長に貢献していきたいと思います。

本書を執筆するにあたりご協力いただいたすべての皆様に重ねて御礼申し上げます。ありがとうございました。

【著者プロフィール】

久保田 圭一（Keiichi Kubota）

アビームコンサルティング
Sports & Entertainment セクター長・執行役員

一橋大学卒業後、外資系コンサルティングファームを経て、2004年にアビームコンサルティングに入社。中央省庁や医療機関を中心に、事業戦略立案、業務改善、システム導入支援に関わるコンサルティングに従事。2013年から社内にてスポーツビジネス開拓のためのタスクフォースを形成し、各種スポーツの発展に向けたサービスの展開に着手。2017年4月に「Sports & Entertainment セクター」を設置し、セクター長に就任した。

スポーツ産業における主要プレイヤーを「コンテンツホルダー」「行政」「スタジアム・アリーナ」「スポーツ推進企業」「メディア」に分類し、各プレイヤーが抱える課題解決に向けたコンサルティングを推進。さらに、各プレイヤーの保有するコンテンツ・強みを活用した新規事業企画を立案し、当事者目線でのプロデュースを手がけている。

究極の“コト消費”である
スポーツビジネス　成功のシナリオ
メッシの踏んだ芝生はなぜ売れるのか

2019年4月1日　初版第1刷発行

著　者	久保田 圭一
発行者	藤井 省吾
発　行	日経BP社
発　売	日経BPマーケティング 〒105-8308　東京都港区虎ノ門4-3-12
編集協力	橋富 政彦
装　幀	相羽 裕太（株式会社明昌堂）
本文DTP	株式会社明昌堂
印刷・製本	中央精版印刷株式会社

本書籍に関するお問い合わせ、ご連絡は下記にて承ります。
https://nkbp.jp/booksQA

ISBN978-4-296-10108-5